Franz Kern

**Grundriss der deutschen Satzlehre**

Franz Kern

**Grundriss der deutschen Satzlehre**

ISBN/EAN: 9783744605984

Hergestellt in Europa, USA, Kanada, Australien, Japan

Cover: Foto ©Andreas Hilbeck / pixelio.de

Weitere Bücher finden Sie auf **www.hansebooks.com**

# Grundriß

## der

# Deutschen Satzlehre.

Von

## Franz Kern

Professor und Direktor des köllnischen Gymnasiums in Berlin.

Berlin, 1884.

Nicolaische Verlags-Buchhandlung

A. Enslin.

# Vorwort.

---

Der für die Klassen bis Tertia bestimmte Grundriß der deutschen Satzlehre, den ich hier den Lehrern des Deutschen vorlege, unterscheidet sich von andern Büchern dieser Art besonders dadurch, daß in ihm von dem für den Satz unentbehrlichen Worte, dem finiten Verbum, ausgegangen wird. Ich halte diesen Ausgang, wie für den allein wissenschaftlich berechtigten, so auch für den praktisch richtigsten, da nur vom finiten Verbum aus alles andere im Satze zu erfragen und zu bestimmen ist. (Vergl. Grundriß § 26.)

So erscheint es mir auch an der Zeit, mit so willkürlichen Bezeichnungen, wie „Kopula, Hülfszeitwörter, Artikel, Präpositionen mit dem Genetiv, präpositionale Objekte, zusammengezogene, verkürzte, nackte und erweiterte Sätze, Adjektivsätze" endlich einmal zu brechen, da sie mir für die Praxis noch viel bedenklicher erscheinen, als sie wissenschaftlich wertlos sind. Alle diese Dinge sind ein unnützer Ballast für das Gedächtnis, führen zu unglücklichen Spitzfindigkeiten in Unterscheidungen, die stets mißlingen, und haben noch nie einem Menschen zu wirklich grammatischer Einsicht verholfen.

Daß man ohne Anwendung dieser willkürlichen und unwissenschaftlichen Namen die Erscheinungen des Satzes den Schülern mit Klarheit darlegen kann, hoffe ich in dem Grundriß gezeigt zu haben. Ein praktisches Bedenken spricht, meine ich, am allerwenigsten für die Konservierung derselben. Und es ist nicht etwa eine didaktische Theorie, worauf sich meine Überzeugung von ihrer

Unnengteit gründet, sondern lange didaktische Erfahrung; denn
gerade die tiefe und unbesiegliche Abneigung, Unklares und Will-
kürliches als Klares und Notwendiges den Schülern erscheinen
zu lassen, hat mich schon vor dreißig Jahren bewogen, in der
grammatischen Belehrung andere Wege zu versuchen, als die
viel betretenen und doch nicht zu dem erwünschten Ziele führenden.
Eigentümlich mag dem Grundriß auch die Vollständigkeit
sein, mit welcher die Bestimmungen des einfachen Satzes be-
handelt werden, so wie die Satzbilder, deren von den Schülern
geleistete oder verfehlte Aufstellung viel schneller, viel gründlicher
über das Maß der von allen Schülern gewonnenen Einsicht
orientiert, als es durch noch so geschickte Fragen möglich ist.
Die Begründung dessen, was als Neues und von dem
Herkömmlichen Abweichendes in dem Grundriß geboten ist, habe
ich in meinem Buche „Die deutsche Satzlehre. Eine Unter-
suchung ihrer Grundlagen. Berlin 1882" und in der ersten
Hälfte meines Buches „Zur Methodik des deutschen Unterrichts.
Berlin 1883" gegeben. Was den dort enthaltenen Begründungen
und methodischen Darlegungen noch hinzuzufügen ist, besonders
auch die Widerlegung mir bekannt gewordener, zu meiner Freude
nur ganz vereinzelt ausgesprochener Bedenken, finden die Fach-
genossen in einer diesem Grundriß hoffentlich unmittelbar folgenden
Schrift „Zur Reform des Unterrichts in der deutschen Satzlehre."
Nur das sei hier noch bemerkt, daß nach meiner Ansicht
das Großgedruckte von § 19 bis § 68 und die Lehre von der Interpunktion für Sexta und Quinta vollkommen ausreicht. Für
Quarta ist das Großgedruckte von § 69 bis § 117 (das Notwendigste über den zusammengesetzten Satz) bestimmt, von den (zu
deutlicher Unterscheidung stets eingerückten) Anmerkungen besonders
die zu § 33 über den Prädikatsaccusativ. Für Tertia bleibt
die vollständige Darstellung des zusammengesetzten Satzes und das
darauf Folgende vorbehalten und außerdem die meisten Anmerkungen des ganzen Grundrisses. Durch noch genauere Bezeichnungen die lebendige Praxis des Unterrichts einzuschnüren.

habe ich absichtlich vermieden. Denn einen Lehrer gelingt es oft, dasselbe mit überraschender Leichtigkeit den Schülern klar zu machen, was der andere als etwas für diese Stufe des Unterrichts viel zu Schweres den Schülern klar zu machen gar nicht unternimmt. Und mit Rücksicht auf ihre verschiedenen Individualitäten können dann beide durchaus richtig gehandelt haben.

Das Eine aber setze ich als anerkannte methodische Forderung voraus, daß die wichtigsten, in der Lektüre sich immer und immer wieder darbietenden Erscheinungen des Satzes durchaus in heuristischer Weise im Anschluß an das Lesebuch erörtert werden. Im Grundriß finden dann die Schüler das zerstreut Gegebene zusammengefaßt und geordnet, finden Beispiele verschiedener Art, prägen sich aus ihm in häuslicher Arbeit die feste Terminologie ein; der Grundriß lenkt ihren Blick auf entlegenere Erscheinungen, die sich an die in der Klasse behandelten anschließen, giebt für die allernotwendigsten Dinge, wie die Satzbestimmungen und die Einteilung der Nebensätze, eine Stütze für das Gedächtnis.

Besonders für die grundlegenden grammatischen Anschauungen gerade der ersten Paragraphen (bis etwa § 18) wird und soll der Grundriß nur subsidiarische Bedeutung haben. So elementar und einfach auch der Ausdruck hier überall gehalten ist, so wäre es doch sehr unrichtig, diese Darlegungen ohne vorausgehende mannigfache Übungen, ohne lebendige Darstellung, welche den Schülern das darin Enthaltene bereits einigermaßen zum Verständnis gebracht hat, Paragraph nach Paragraph mit ihnen durchzunehmen und dann etwa gar zur häuslichen Einprägung aufzugeben. Wohl aber können diese Paragraphen dazu dienen, Unklarheiten in der Auffassung, die trotz mündlicher Unterweisung noch geblieben sind, durch Vorlesen in der Klasse und häusliches Nachlesen zu beseitigen.

Für die unterste Stufe mag es ausreichen, wenn der Schüler das, was unbedingt mit dem Gedächtnis fest gehalten werden muß, z. B. die Einteilung der Satzbestimmungen (§ 56 und 57)

aus dem Buche lernt und sie sich an den im Vorhergehenden ge=
gebenen Beispielen und an leichten Satzbildern veranschaulicht.
Es wäre dies eben das Notwendigste aus der Lehre vom ein=
fachen Satze.

Möge das Buch etwas dazu beitragen, daß der Unterricht
in der deutschen Satzlehre einfachere Gestalt gewinne, damit
er mit größerer Hingebung an die Sache und ohne wissenschaft=
liche Skrupel über die Richtigkeit des Gelehrten auf unseren
Schulen erteilt werden könne.

Berlin, im Juni 1884.

Franz Kern.

# Übersicht des Inhalts.

VIII

# Der einfache Satz.

## Die Redeteile.

§ 1. **I. Die satzbildenden Redeteile sind**
### die finiten Verba.

Diese sind konjugierbar, d. h. sie unterscheiden durch ihre Formen Personen, Numeri (Zahlen), Tempora (Zeiten), Modi (Arten der Aussage).

**II. Die satzbestimmenden Redeteile sind**

A. die deklinierbaren, d. h. diejenigen, welche Kasus und Numerus unterscheiden:

1. Die Substantiva oder Hauptwörter.
2. Die Adjectiva oder Eigenschaftswörter.
3. Die Pronomina oder Fürwörter.
4. Die Numeralia oder Zahlwörter.

Zu 1 gehören auch die Infinitive, zu 2 die Participia, zu 3 der sogenannte bestimmte Artikel (Zeiger), zu 4 der sogenannte unbestimmte Artikel. — Die Adjectiva, Pronomina und zum Teil die Numeralia unterscheiden durch ihre Form auch die Genera (Geschlechter).

B. Die undeklinierbaren (überhaupt unveränderlichen):

1. Die Adverbia oder Umstandswörter.
2. Die Präpositionen oder Verhältniswörter.
3. Die Konjunktionen oder Bindewörter.

**III. Die zum Satzgefüge nicht gehörenden Redeteile sind**
### die Interjektionen oder Empfindungswörter.

## 1. Das finite und das infinite Verbum.

§ 2. Man unterscheidet fünf Verbalformen: 1. Indikative, 2. Konjunktive, 3. Imperative; 4. Infinitive, 5. Participien.

Von diesen nennt man die drei ersten finite, die zwei letzten infinite Formen. Die finiten Formen enthalten die Bezeichnung einer Verbalperson, die infiniten nicht. — Diese Person ist entweder durch die Form des Verbums selber deutlich bezeichnet (so ist bin erste Person, hast zweite Person, nimmt dritte Person), oder es wird durch den Zusammenhang der Rede klar, welche Person in der Verbalform enthalten ist. So enthält dieselbe Form kommt die dritte Person, wenn ich spreche: Der Knabe kommt, dagegen die zweite (im Plural), wenn ich spreche: ihr kommt.

§ 3. Von den beiden infiniten Formen ist der Infinitiv als ein vom Verbalstamm gebildetes Substantiv anzusehen, das Participium als ein vom Verbalstamm gebildetes Adjektiv.

Der Infinitiv reisen kann nämlich (weil in ihm keine Person gedacht ist) ohne erhebliche Änderung des Sinnes mit dem Substantiv Reise vertauscht werden, z. B.: Reisen (eine Reise) ist eine Erholung, aber nicht jede Reise (alles Reisen, jedes Reisen) wird der Erholung wegen gemacht. So: fahren, Fahrt; sorgen, Sorge; bauen, Bau; ankommen, Ankunft.

In gleicher Weise können oft für Participien andere Adjectiva (desselben oder andern Stammes) eintreten, z. B.: stehend, ständig; lebend, lebendig; anmutend, anmutig; gefüllt, voll; gestorben, tot.

§ 4. Die finiten Verba können niemals mit einer andern Wortklasse vertauscht werden. Das unterscheidet sie nicht nur von den Infinitiven und Participien (den infiniten Verbalformen), sondern von allen übrigen Wortarten.

a) Ohne erhebliche Änderung des Sinnes können z. B. substantivisch gebrauchte Adjectiva statt der Substantiva eintreten. Beispiele: Sünde, Böses; Wahrheit, Wahres.

b) Statt eines Adverbiums kann der Kasus eines Substantivs allein oder mit einer Präposition eintreten.

Beispiele: immer, jeder Zeit; überall, aller Orten; mächtig, mit Macht; gern, mit Freuden; heute, an diesem Tage; bald, in nächster Zeit.

c) Statt des alleinstehenden Kasus eines Substantivs kann ein Kasus mit einer Präposition eintreten.

Beispiele: (Ich erinnere mich) des Tages, (ich erinnere mich) an den Tag. (Spotte nicht) des Armen; (spotte nicht) über den Armen.

§ 5. Das finite Verbum ist dasjenige Wort im Satze, welches immer nur wieder mit einem andern finiten Verbum (des gleichen oder ähnlichen Sinnes) vertauscht werden könnte.

Beispiele: Nimm, ergreife; (du) sahst, (du) erblicktest; (sie) glaubten, (sie) meinten; (wir) hätten, (wir) besäßen.

Anm. Weil nur durch Indikative, Konjunktive und Imperative etwas ausgesagt wird, nennt man diese drei Formen Modi (d. h. Arten) der Aussage. Weder der Infinitiv noch das Par-ticipium ist also ein Modus der Aussage.

§ 6. Das finite Verbum ist das für den Satz unumgänglich Nötige. Darum wird es auch zur Auszeichnung vor dem in-finiten Verbum das herrschende genannt. Es muß in dem Satze entweder durch ein Wort wirklich ausgedrückt sein, oder es wird zwar ausgelassen, aber zu den gesprochenen Worten stets hinzugedacht. Sätze letzterer Art nennt man unvollständige oder elliptische Sätze, z. B.: Schönen Dank. (Hinzugedacht wird, „sage ich dir"); Zurück! (Hinzugedacht wird „tritt" oder „tretet"). Wir drücken also oft unsere Meinung aus, ohne in vollständigen Sätzen zu sprechen.

## 2. Der Verbalinhalt.

§ 7. In dem finiten Verbum ist stets zweierlei ausge-drückt 1) der Verbalinhalt, 2) die Verbalperson.

Nur den Verbalinhalt (in der Form des Substantivs) drücken die Infinitive (Verbalsubstantive) aus, z. B. schlagen, rechnen (eine Thätigkeit), fallen, liegen (ein Leiden); alle aber drücken irgend einen Zustand aus, wie: setzen und sitzen, schaffen und werden, bald mehr bald minder umfassend.

So ist vergiften minder umfassend als töten. In Töten kann an jedes beliebige Werkzeug des Tötens gedacht werden.

dagegen in vergiften, welches eine Art des Tötens ist, nur an Gift, in ertränken nur an Wasser, in erschießen nur an eine Schußwaffe. Den allgemeinsten, alles umfassenden Zustand drückt das Verbum sein aus. Dieser Zustand umfaßt alle möglichen anderen Zustände; denn alles, was sich bewegt und ruht, hat und entbehrt, wird und vergeht, muß immer sein.

Auch die Participia (Verbaladjectiva) drücken nur den Verbalinhalt aus, aber nicht als etwas Selbständiges, wie die Infinitive (die eben darum zu den Substantiven gehören), sondern als eine unselbständige Eigenschaft. Darum eben gehören sie zu den Adjektiven. Z. B.: laufender (nämlich Knabe), abgebranntes (nämlich Haus), weinende (nämlich Frau).

§ 8. Einen Satz können weder Infinitive noch Participien allein bilden. „Lesen" ist kein Satz, und „lesend" oder „lesender" auch nicht. Spreche ich aber das eine kurze Wort lies, so bezeichne ich erstens einen Gegenstand, eine Person, nämlich die, welche ich jetzt anrede, und zweitens eine Thätigkeit, nämlich die des Lesens. Die Thätigkeit (der Zustand) des Lesens ist der Inhalt dieser Verbalform, und der Gegenstand, den ich durch das Wort lies anrede, ist die durch die Verbalform bezeichnete Person.

Diese Person (den Angeredeten) verbinde ich in dem Augenblick, in welchem ich das eine Wort lies spreche, in meiner Vorstellung aufs engste mit dem durch das Verbum ausgedrückten Inhalt (dem Zustand des Lesens), und da diese Verbalform ein Imperativ ist, so sage ich nicht, daß der Angeredete jetzt liest, sondern ich will, daß er lese, sage also, daß er lesen soll.

Anm. Solche Verbindung einer Person mit einem Zustande ist in der Verbalform durch nichts ausgedrückt, wenn ich zu jemand sage: „Vorlesen!" Verständlich aber ist dies mit dem Tone des Befehls ausgesprochene Wort eben so gut, wie der auf einem Schilde an einem Hause stehende bloße Name eines Menschen. Aus „Vorlesen!" versteht der Angeredete mit voller Klarheit, daß er selber jetzt vorlesen solle, wie der Vorübergehende aus dem Namen an dem Hause deutlich erkennt, daß hier derjenige wohnt, dessen Name dort zu lesen ist. Ein Satz aber ist weder jener Infinitiv noch dieser Eigenname.

§ 9. Wenn ich zu jemand, der mir etwas Angenehmes erwiesen hat, sage danke, so verbinde ich in diesem Augenblick den Zuſtand des Dankens nicht mit dem Angeredeten, ſondern mit mir, dem Sprechenden ſelber. Das Verbum ſteht in der erſten Perſon. Der Redende ſagt, daß er ſelber von dem Gefühl des Dankes erfüllt iſt, ſich in dieſem Zuſtand befindet. Das Verbum ſteht im Indikativ.

Die Verbalform dan ke kann aber auch der Imperativ ſein. Dieſer Imperativ wäre gemeint, wenn ich einen andern, welcher eine Wohlthat empfangen hat und ein Wort des Dankes unterläßt, durch das von mir zu ihm geſprochene Wort dan ke! (oder dan ke doch!) auf ſeine Pflicht zu danken aufmerkſam mache (darauf, daß er danken ſo ll). Der Zuſammenhang der Rede oder die Lage, in welcher ſich der Sprechende befindet, wird es immer klar machen, ob der Sprechende ſeinen Dank durch den Indikativ ausſpricht, oder ob er einen andern durch den Imperativ zum Danken auffordert.

In jedem Falle aber verbinde ich durch das Ausſprechen des einen finiten Verbums eine Verbalperſon (einen Gegen= ſtand) und einen Verbalinhalt (einen Zuſtand); d. h. ich ſpreche einen Satz aus.

§ 10. Satz iſt der Ausdruck eines Gedankens mit Hülfe eines finiten (ausgedrückten oder zu ergänzenden) Verbums. Die Verbalperſon iſt das Subjekt, der Verbal= inhalt das Prädikat des Satzes.

Anm. Auch die imperativiſchen Sätze drücken einen Ge= danken aus, aber als einen ſolchen, welchen der Redende ver= wirklicht wiſſen will. Sie drücken alſo einen Willen aus.

### 3. Die Verbalperſonen.

§ 11. Unter Verbalperſonen ſind nicht nur Perſonen in dem ſonſt üblichen Sinne des Wortes zu verſtehen, d. h. nicht nur Menſchen; ſondern alles ohne Ausnahme, von dem ich einen Zuſtand ausſage, kann darunter verſtanden werden.

§ 12. Die erſte Perſon bezeichnet den Sprechenden ſelber, die zweite denjenigen, an welchen die Rede gerichtet iſt, die dritte irgend etwas, was ſowohl vom Redenden wie vom Angeredeten verſchieden iſt (Menſch oder Sache).

Alle drei Perſonen aber bezeichnen immer etwas Be= ſprochenes, etwas, wovon geredet wird. Steht alſo das

Verbum in der ersten Person, so ist eben der Sprechende zugleich derjenige, über welchen gesprochen wird, das heißt, der Sprechende und der Besprochene sind eine und dieselbe Person.

§ 13. Die Personen sind durch die Verbalformen (die Endungen) in der deutschen Sprache keineswegs immer deutlich unterschieden. Ganz klar ist nur die zweite Person im Singular durch die Form bezeichnet, z. B. schreibst, arbeitest, bist. Im Plural des Präsens ist bei den meisten Verben auch diese nicht deutlich bezeichnet. Denn mit schreibt, arbeitet kann ich nicht nur mehrere Personen anreden (ihr schreibt), es kann auch in „schreibt, arbeitet" an eine einzelne von dem Redenden und dem Angeredeten verschiedene Person gedacht werden, d. h. diese Verbalform kann auch die dritte Person im Singular ausdrücken (er oder sie schreibt).

Anm. Die zweite Person des Pluralis ist im Präteritum bei allen Verben als solche erkennbar, bei manchen auch im Präsens, z. B. seid, habt, wollt, gebt, tragt, lauft. Doch können diese Formen sowohl Indikative wie Imperative sein. Dagegen können Formen wie mußt, könnt, mögt, sollt wegen der Bedeutung der Wörter nur Indikative sein.

§ 14. Die erste Person im Singular ist völlig klar nur in dem finiten Verbum bin bezeichnet. Sonst muß entweder der Sinn des ganzen Satzes oder ein das Subjekt des Verbums bestimmendes Wort (das Subjektswort) deutlich machen, ob der Redende von sich oder von andern spricht.

So kann die Verbalform liebe die erste Person im Indikativ und im Konjunktiv, die zweite im Imperativ, die erste und dritte im Konjunktiv bezeichnen. (Ich liebe mein Vaterland. Liebe dein Vaterland. Er sagt, er liebe sein Vaterland.) Die erste Person im Plural lautet ebenso wie die dritte im Plural.

§ 15. Für die dritte Person im Singular haben zwar viele Verba eine Form, welche nur diese Person und gar keine andere bezeichnet (ist, hat, wird, giebt, nimmt, liest und andere); aber da durch die dritte Person nur etwas vom Redenden und Angeredeten Verschiedenes bezeichnet ist, dies aber ein beliebiges unter unendlich Vielem sein kann, so wird in der Regel durch ein der dritten Person hinzugefügtes Subjektswort deutlicher bezeichnet, an welchen Menschen oder an welches Ding in dieser

Verbalperson zu denken ist; oder das zu einem frühern finiten Verbum hinzugefügte Subjektswort ist auch zu diesem zu ergänzen. Beispiele: Der Knabe liest. Der Knabe liest nicht mehr, sondern schreibt. — Hier ist in dem zweiten Satze „sondern schreibt" aus dem voraufgehenden Satze das Subjektswort der Knabe sehr leicht zu ergänzen, und erst dadurch wird der Sinn vollständig. So werden auch andere Wörter aus einem vorhergehenden oder folgenden Satze mit Leichtigkeit ergänzt, z. B.: Wir achten und ehren ihn. In deinem Garten blühen die schönsten Blumen und reifen die herrlichsten Früchte.

§ 16. Wenn nun auch jedes finite Verbum allein ein Satz ist, und es keinen Satz giebt (die elliptischen ausgenommen) ohne finites Verbum, so giebt es im allgemeinen doch nur wenig Sätze, die aus ihm allein bestehen. Hauptsächlich sind es Imperative und einzelne Indikative, z. B.: Lies, geh, nimm; danke, bitte.

§ 17. Bei weitem die meisten Sätze enthalten außer dem satzbildenden, finiten Verbum noch mehrere oder viele Wörter als unmittelbare oder mittelbare Bestimmungen. Die unmittelbaren Bestimmungen sind solche, welche das finite Verbum (die Verbalperson oder den Verbalinhalt) bestimmen. Sie selber werden wieder durch die mittelbaren Bestimmungen bestimmt.

a) Unmittelbare Bestimmungen sind in folgenden Sätzen die hervorgehobenen Wörter: Wir folgen dir gern. Die tapferen Soldaten erwarben sich großen Ruhm.

b) Mittelbare Bestimmungen sind die hervorgehobenen Wörter in folgenden Sätzen: Dein Brief machte mir große Freude. Die Rose ist sehr schön. Wir wollen mit dir gehen. Die tapferen Soldaten erwarben sich großen Ruhm.

§ 18. Die bei weitem häufigste Satzbestimmung, zumal bei dem Verbum in der dritten Person, ist das Subjektswort.

# Unmittelbare Satzbestimmungen.

## 1. Das Subjektswort.
### (Bestimmung der Verbalperson.)

§ 19. Zu dem in zweiter Person des Singular stehenden Verbum wäre es nicht nötig, das Pronomen du der größeren Deutlichkeit wegen hinzuzufügen. Denn dieses Pronomen drückt gar nichts anderes aus, als was völlig klar bereits in der Verbalform enthalten ist. Dennoch ist es beim Indikativ und Konjunktiv durchaus üblich, das Pronomen du hinzuzufügen; nur in der Umgangssprache und in dichterischer Darstellung wird es nicht selten weggelassen.

Beispiele: Kommst zu spät. Wirst es noch einmal bereuen. Kannst es mir glauben. (In dem wilden Jäger von Bürger heißt es: Kehr' um! Erjagst dir heut nichts Guts.)

§ 20. Auch bei dem finiten Verbum erster Person fehlt zuweilen das Subjektswort ich, wenn der Zusammenhang es klar macht, daß nur die erste Person gemeint sein kann; selbst im Plural fehlt zuweilen das Subjektswort wir.

Beispiele: Hab's gefürchtet. Habe die Ehre. Kann heute nicht. Bitte sehr. Bedauere. Weiß wohl. Wollen sehen. (Ohne jede Ergänzung ist der Sinn klar nur in Sätzen mit „bin", z. B. Bin bereit zum Gehen.)

Anm. Die Dichter lassen häufig das Subjektswort aus, wenn durch die Verbalform oder durch den Zusammenhang der Rede zweifellos klar ist, was als Subjekt des Satzes zu denken ist. So redet Schenkendorf die Freiheit mit den Worten an:

> Wollest auf uns lenken
> Gottes Lieb' und Lust,
> Wollest gern dich senken
> In die deutsche Brust.

Derselbe Dichter sagt in seinem Gedichte „Auf Scharnhorsts Tod":

> Kugel, raffst mich doch nicht nieder!
> Dien' euch blutend, meine Brüder.
> Führt in Eile mich nach Prag,
> Will mit Blut um Östreich werben —

und weiterhin, nachdem er Prag mit den Worten „Arge Stadt" angeredet hat:

> Reißest alle Blüten ab!
> Rennen dich mit leisen Schauern.

Goethe redet den Mond, ohne ihn zu nennen, mit den Worten an:

> Füllest wieder Busch und Thal
> Still mit Nebelglanz,
> Lösest endlich auch einmal
> Meine Seele ganz.

Derselbe hat in seinem Gedicht „Fuchs und Kranich" die Strophe:

> Willst nicht Salz und Schmalz verlieren,
> Mußt gemäß den Urgeschichten,
> Wenn die Leute willst gastieren,
> Dich nach Schnauz und Schnabel richten.

Das Gedicht von Claudius „der Esel" beginnt mit der Strophe:

> Hab' nichts mich dran zu freuen,
> Bin dumm und ungestalt,
> Muß Stroh und Disteln käuen,
> Werd' unter Säcken alt.

In allen diesen zusammenhängenden Stücken aus Gedichten ist kein einziges nominativisches Subjektswort enthalten, nur ein vokativisches Subjektswort (siehe § 24) findet sich in dem Gedichte „Auf Scharnhorsts Tod". Ohne Subjekt aber ist kein einziger Satz. Einzeln stehende Sätze ohne Subjektswort finden sich bei den Dichtern in sehr großer Zahl.

§ 21. Die dritte Person des finiten Verbums im Singular wird in allein stehenden Sätzen nur dann durch kein Subjektswort bestimmt, wenn sie nicht näher bezeichnet werden kann.

Beispiele: Mich friert. Mir ekelt vor dieser Speise. Dort wird gelacht. Ihn jammert des Volkes. Mir wird heiß. Ihm wird übel. Wie ist dir zu Mute?

§ 22. Als durch nichts bestimmt sieht man die dritte Person auch dann an, wenn sie durch kein anderes Subjektswort bestimmt werden kann, als durch das Pronomen es.

Beispiele: Es blitzt. Es regnet. Es überlief ihn heiß.

Solche Verbalformen, zu denen kein Nomen oder nur das sehr unbestimmte Pronomen es als Subjektswort hinzugefügt werden kann, nennt man unpersönliche oder mit richtigerem Ausdruck, weil die dritte Verbalperson doch immer durch sie bezeichnet ist, innominative Verbalformen.

Anm. Dieses „es" kann auch als vorläufiges Subjektswort vor dem finiten Verbum stehen; das genauer bestimmende Subjektswort folgt dann dem Verbum, z. B. „es war einmal ein König; es sind viele hier gewesen." — Etwas Anderes ist es, wenn

auf das Subjektswort (unmittelbar oder getrennt von ihm) noch
ein persönliches Pronomen folgt, z. B. „die Freiheit, sie ist
kein leerer Wahn.“ „Der arme Mensch! Nun ist er ganz verlassen.“ „Das rauhe Schicksal, es treibt ihn fort.“ In solchen
Fällen soll der durch das Subjektswort bezeichnete Gegenstand
lebendiger und selbständiger vorgestellt werden, als wenn er unmittelbar mit dem Inhalt des finiten Verbums verbunden gedacht würde. Folgt das Pronomen nicht unmittelbar darauf,
wie im zweiten Beispiel, so kann das Subjektswort so selbständig werden, daß hinter ihm ein Ausrufungszeichen gesetzt wird.

§ 23. Meistens wird die dritte Person durch ein Subjektswort bestimmt, welches die Person oder Sache, die mit dem Verbalinhalt verbunden gedacht wird, klar bezeichnet.

§ 24. Das Subjektswort steht in indikativischen und konjunktivischen Sätzen im Nominativ, in imperativischen
im Vokativ.

§ 25. Das Subjektswort ist immer ein substantivisches Wort,
nämlich entweder ein Substantivum im gewöhnlichen Sinne
des Wortes, oder ein Verbalsubstantiv (Infinitiv), oder ein
substantivisches Pronomen, oder ein substantivisch gebrauchtes
Adjektiv (auch Participium und Zahlwort) oder ein ebenso ge-
brauchtes Adverbium (z. B. das Heute, das Jenseits.)
Beispiele: Schönheit vergeht. Schlafen erquickt. Sie schreibt.
Arme darben. Blühendes erfreut. Fünf kamen. — Lies, Karl.
Komm, Armer.
Anm.: In allen Sätzen, deren finites Verbum in zweiter
Person steht, ist das Subjektswort eigentlich als Vokativ (als
Kasus der Anrede) zu betrachten, auch das Pronomen „du“.

§ 26. Vom finiten Verbum aus läßt sich das Subjektswort (und dann weiter jede noch übrige Satzbestimmung) erfragen:
z. B. schreibt. Wer schreibt? sie. Was schreibt sie? einen Brief.
Wo? im Garten. An wen? an ihre Mutter u. s. w. Das
finite Verbum selber läßt sich so nie erfragen, weil es kein
Fragewort giebt, durch welches nach ihm gefragt werden könnte.
Anm. Der Infinitiv läßt sich durch ein Fragewort erfragen,
z. B. Er will fortgeben. Was will er? Fortgeben. Dagegen
braucht man, um ein finites Verbum zu erfragen, immer ein
anderes finites Verbum mit einer Bestimmung, z. B. Er

schreibt. Was thut er? Auch ist es schwer, immer das dazu nötige zweite finite Verbum zu finden, z. B. für den Satz „der Knabe schläft." Für alle Fälle richtig ist nur die Frage: „In welchem Zustand befindet sich das durch das Subjektswort Ausgedrückte?" weil jedes Verbum ohne Ausnahme irgend einen Zustand bezeichnet.

## 2. Die Prädikatsbestimmungen.
### (Bestimmungen des Verbalinhalts.)

§ 27. Wenn auch das Subjekt durch das Subjektswort deutlich bestimmt ist, so kann doch der dadurch allein bestimmte Satz noch eine sehr wertlose Mitteilung sein. z. B.: Karl bedarf (meiner? des Arztes? der Ermahnung?). Fritz ist (traurig? im Garten? unser Freund?). Wir haben (Glück? Sorgen? gute Bücher? Zeit?). Sie gleicht (dem Vater? der Mutter? sehr? wenig?). Wir wohnen (bequem? oben? billig? in Berlin?).

Also das Prädikat (der Verbalinhalt) bedarf oft ebenso dringend einer Bestimmung, wie das Subjekt (die Verbalperson).

§ 28. Bestimmungen des Prädikats sind entweder Kasus eines Nomens oder Adverbia, beide ohne Präpositionen oder mit Präpositionen.

Prädikatsbestimmungen können alle Kasus sein außer dem Vokativ, der als Satzteil immer nur die Verbalperson bestimmen, also nur als Subjektswort im Satze dienen kann.

## I. Bestimmungen des Prädikats durch einen Kasus.
### A. Ohne Präpositionen.

§ 29. 1) Durch einen Nominativ. Dieser wird zum Unterschiede von dem auch im Nominativ stehenden Subjektsworte Prädikatsnominativ genannt. Besonders häufig dient der Prädikatsnominativ als Bestimmung zu den Verben: sein, werden, bleiben, scheinen, heißen. Er ist entweder ein Substantivum oder ein Adjectivum (Pronomen, Zahlwort, Participium).

Adjektivische Prädikatsnominative sind fast immer unverändert (unflektiert), daher oft schwer von Adverbien zu unterscheiden.

Beispiele: Sie waren Helden. Die Blüte wird Frucht. Heißt er Karl? Sei fromm. Das ist rührend. Er blieb unordentlich. Sie scheinen betrübt.

Anm. 1. Auch manche zusammengesetzten Tempora enthalten einen Prädikatsnominativ, z. B.: Er ist gekommen (ist ein Gekommener). Die Frucht wird reifen (entstanden aus „wird reifend, eine reifende").

Anm. 2. Die in § 29 genannten Verba sind nur diejenigen, welche am häufigsten durch einen Prädikatsnominativ bestimmt werden. Beispiele für andere Verba: Er stand in Gedanken verloren. Dort liegt er begraben. Sie kommen angefahren. Er kehrte von seiner Reise sehr befriedigt zurück. Er starb achtzigjährig.

Anm. 3. Mit einem hinzugefügten als kann der Prädikatsnominativ noch bei vielen andern Verben stehen z. B. gelten, erscheinen, z. B. Er gilt als der beste von allen. Dies erschien uns als der einzige Ausweg. Kommst du zu uns als unser Feind oder unser Retter? — In dichterischer Sprache wird dieses „als" oft weggelassen. So bei Schiller in dem Kampf mit dem Drachen: „Ein Feind kommst du zurück dem Orden."

Anm. 4. Auch die Infinitive der in § 29 genannten Verba werden durch den Prädikatsnominativ bestimmt, z. B.: „ein guter König sein ist eine schwere Aufgabe." Hier ist der Infinitiv „sein" Subjektswort, und „König" ist der zu dem Infinitiv gehörige Prädikatsnominativ.

Anm. 5. Sogar wenn ein solcher Infinitiv Objekt ist oder mit den Präpositionen „zu", „um — zu" und „ohne — zu" verbunden ist, wird er durch den Nominativ bestimmt, z. B.: Er will stets der erste sein. Ein brauchbarer Mensch zu werden ist deine Lebensaufgabe. Er scheint nicht glücklich zu sein. Er thut alles, um nicht ein Verräter zu heißen. (In dem zweiten Beispiel ist der Infinitv „werden" Subjektswort, obwohl er mit der Präposition „zu" verbunden ist; auch andere Substantiva werden zuweilen mit Präpositionen verbunden, ohne daß sie dadurch aufhören, Subjektsworte zu sein, z. B. „An tausend Menschen waren dort versammelt.")

Anm. 6. Prädikatsnominative (besonders Participia) können noch durch einen zweiten, von ihnen abhängigen Prädikatsnominativ bestimmt werden, z. B. Sie scheinen hier als Wächter aufgestellt (zu sein). — Auch in diesem Falle wird in dichterischer Rede zuweilen das Wort „als" ausgelassen. So in Wallensteins Tod von Schiller: „Ein guter Engel schienst du hingestellt."

§ 30. 2) Durch einen Accusativ: Der Vater liebt den Sohn. Wir unterstützen ihn. Sie verfolgten den Feind. Fliehe nicht jeden Schmerz. (Objekte.) — Er blieb einen Tag. Er ist diesen Weg gegangen.

Anm. 1. Accusative, welche bei einer Verwandlung des Satzes in das Passiv Subjektswort werden, heißen Objekte. Beispiel: Wir schickten ihn. Er wurde von uns geschickt. — Aber nicht alle Verba, welche durch ein Objekt bestimmt werden, lassen die Verwandlung ins Passiv zu, z. B. das Buch kostet zwei Mark. Ich schäme mich. Ich mag ihn nicht. (Andere Accusative drücken die Ausdehnung in der Zeit oder im Raume aus, wie oben „einen Tag, diesen Weg").

Wenn Verba ein Objekt regieren, heißen sie transitiv, im andern Falle intransitiv gebraucht. Falls intransitive Verba ein Passiv bilden, so steht dieses nur in der dritten Person des Singulars und nur so, daß kein Nomen als Subjektswort hinzugefügt werden kann (innominative Form). Viele Verba können nur intransitiv gebraucht werden.

Beispiele: Von den Verben helfen, zureden und andern kann man nur in der dritten Person des Singulars ein Passiv bilden: mir wird geholfen, ihm wurde zugeredet; dagegen wird bei den sinnverwandten Verben unterstützen, überreden, welche im Aktiv ein Objekt regieren, im Passiv dieses Objekt zum Subjektswort: ich werde unterstützt, er wurde überredet.

Anm. 2. Auch Infinitive (Verbalsubstantiva) können Objekt sein, z. B.: Ich mag nicht spielen (das Spielen, das Spiel). Wenn dann zwei Infinitive neben einander stehen, muß man sorgfältig überlegen, welcher von dem andern abhängt, das heißt, ihn bestimmt. In dem Satze „Das wirst du nicht thun können" hängt „thun" als Objekt von „wirst können" ab. Denn wollte man „wirst thun", als Futurum von thun, zusammennehmen, so wäre das danebenstehende „können" nun ohne Sinn; verbindet man aber „wirst können", so hängt „thun" als Objekt von „können" ab; denn ich sage „ich kann thun."

Anm. 3. Das vom finiten Verbum unmittelbar abhängige Objekt heißt zur Unterscheidung von den von Infinitiven und Participien abhängigen Objekten Satzobjekt. So sind in dem Satze „ich mag dies Spiel nicht" die Wörter „dies Spiel" Satzobjekt und Attribut; dagegen ist in dem Satze „ich mag dies nicht spielen" das Objekt „dies" von dem Satzobjekt „spielen" abhängig.

Anm. 4. Die Objekte bezeichnen teils bereits vor der Handlung des Verbums existierende Gegenstände, auf welche sich nun die Handlung richtet, und welche durch die Handlung häufig verändert werden, z. B. ich nehme das Buch, ich zerschneide das Band. Solche Objekte heißen afficierte Objekte. Teils bezeichnen sie Gegenstände, welche durch die vollendete Handlung erst hervorgebracht werden, z. B. er baut einen Wagen, er schreibt einen Brief. Solche Objekte heißen efficierte Objekte. — Das Genommene oder Zerschnittene war vor dem Nehmen und Zerschneiden ein Buch und ein Band, das Gebaute und Geschriebene aber ist erst durch das vollendete Bauen und Schreiben ein Wagen und ein Brief geworden.

Anm. 5. Verba, welche als Objekt nur dieselbe Person regieren können, die schon durch das Subjekt ausgedrückt wird, heißen reflexive Verba, z. B. schämen, bemächtigen, ereignen. Die reflexiven Verba gehören zu denjenigen, von welchen kein Passiv gebildet werden kann.

§ 31. 3) Durch einen Genetiv: Wir bedürfen seiner. Ich gedenke des Freundes. Harret des Ausgangs. Wir alle sind Gottes. Ich bin nicht deiner Meinung. Dieser Tage wird er kommen. Geh deiner Wege.

Anm. Diejenigen genetivischen Bestimmungen, welche vermöge des Inhalts der Substantiva eine Zeitbestimmung dem Satze hinzufügen (wie nächster Tage, des Abends), können meistens zu anderen Kasus noch hinzutreten, weil im finiten Verbum selber der unbestimmte Ausdruck einer Zeit schon enthalten ist.

§ 32. 4) Durch einen Dativ: Freund, hilf mir. Zürne ihm nicht! Wir fehlen manche Bücher. Ich folge deiner Lehre. Dem Tode kann niemand entfliehen.

§ 33. Das Prädikat wird auch durch mehrere Kasus zugleich bestimmt:

1. durch einen Prädikatsnominativ und einen Dativ, z. B. Scheinst du dir glücklich? Du bist mir ein treuer Berater. Jetzt heiße ich allen der Retter, früher der Verderber.

2. durch ein Objekt und einen Dativ, z. B. Gieb mir das Buch. Ich verhehlte ihm nichts.

3. durch ein Objekt und einen Genetiv, z. B. Freut euch des Lebens. Man würdigte ihn keines Blickes. Man beschuldigte ihn des Verrats. (Sehr verschieden von solchem Genetiv ist der Genetiv in dem Satze: Sie ergriffen den Ur-

heber des Verrats. Hier ist der Genetiv Bestimmung zum Objekt.

4. durch zwei Accusative, und zwar

entweder durch zwei Objekte, von welchen das eine die Person, das andere die Sache bezeichnet, so bei lehren, kosten, fragen. Beispiele: Dies kostet mich keinen Pfennig. Wer hat dich diesen Kunstgriff gelehrt? Er fragte mich diese Regel. oder durch ein Objekt und einen Accusativ der Aus= dehnung. Beispiele: Er führte mich diesen Weg. Einen Winter habe ich diesen Aufenthalt ertragen.

Anm. 1. Mit dieser Verbindung eines persönlichen Objekts mit einem sachlichen oder der Verbindung eines Objekts mit einem Accusativ der Ausdehnung ist nicht zu verwechseln die Bestimmung eines Verbums durch zwei oder mehrere gleich= artige Objekte. In dem Satze „ich sehe dort Menschen, Bäume, Tische" bestimmen diese drei Objekte zwar alle für sich den Ver= balinhalt (das Sehen), aber es wird zwischen ihnen selber durch den Verbalinhalt sonst gar keine Verbindung hergestellt. Da= gegen lassen sich durch leichte Änderung, bei der man durchaus in dem Kreise der durch den Verbalinhalt bezeichneten Handlung (oder des Zustandes) bleibt, aus dem Inhalt der Verba kosten, lehren, fragen andere Verba gewinnen, mit deren Hülfe sich Sätze bilden lassen, in denen das persönliche Objekt Subjekts= wort wird und das sachliche Objekt bleibt. So: ich bezahle keinen Pfennig, du lernst diesen Kunstgriff, ich sollte die Regel sagen. Ebenso gewinnen wir aus dem Satze „er führte mich diesen Weg" den Satz „ich gehe diesen Weg" und aus dem Satze „einen Winter habe ich diesen Aufenthalt ertragen" den Satz „dieser Aufenthalt dauerte einen Winter."

Ähnliches ist bei den im obigen Beispiele von sehen ab= hängigen gleichartigen Objekten, denen man noch beliebig viel andere hinzufügen könnte, ganz unmöglich.

Anm. 2. Ganz anderer Art ist die Verbindung eines Ob= jekts mit einem Prädikatsaccusativ. Als Prädikats= accusativ kann neben dem Objekt stehen:

1. ein gewöhnliches Substantiv
Beispiele: Sie nannten ihn einen Verräter. Man schalt ihn einen Verschwender.

2. ein Adjektiv (auch Participium und adjektivisches Pro= nomen)
Beispiele: Er weinte sich die Augen rot. Er glaubt sich krank. Wir fanden ihn sehr leidend. Dieses Haus nennt er sein.

3. ein Infinitiv (Verbalsubstantiv).

Diese Verbindung heißt „Accusativ mit dem Infinitiv."

Beispiele: Ich sehe ihn laufen.  Er hieß uns gehen.  Laß mich ruhen.

Man erkennt die Verbindung eines Objekts mit einem Prädikatsaccusativ (auch Prädikatsinfinitiv) daran, daß man aus beiden einen Satz bilden kann, in welchem das Objekt zum Subjektswort wird, der Prädikatsaccusativ aber entweder ohne weiteres zum finiten Verbum wird, oder als Prädikatsnominativ in einem mit Hülfe des Verbums sein gebildeten Satze erscheint.

So werden z. B. folgende Sätze gewonnen:

Er ist ein Verräter (nach ihrer Bezeichnung).  Die Augen sind rot (durch sein Weinen).  Er krankt (nach seiner Meinung).  Er leidet sehr (gemäß unserer Wahrnehmung).  Das Haus ist sein (nach seiner Angabe).  Er läuft (nach dem Zeugnis meiner Augen).  Ich ruhe (mit deiner Erlaubnis).

Aus zwei Objekten oder aus der Verbindung eines Objekts mit dem Accusativ der Ausdehnung lassen sich niemals solche Sätze bilden.

Anm. 3.  Von dem als Prädikatsaccusativ gebrauchten Verbum kann wieder ein Objekt abhängen, z. B. Laß mich das Buch holen.  Der Accusativ mit dem Infinitiv ist hier „mich holen"; denn: „ich hole" (mit deiner Erlaubnis).  Was hole ich? das Buch.

Anm. 4.  Zuweilen fehlt das Satzobjekt, wenn es leicht ergänzt werden kann.  So ist in dem Satze „das Unglück macht ungerecht" zu dem Prädikatsaccusativ „ungerecht" als Objekt zu ergänzen „die Menschen."  Dasselbe Wort ist zu ergänzen in dem Satze „Übung macht geschickt", während in dem Satze „Übung macht den Meister" kein Prädikatsaccusativ enthalten ist, und der Accusativ „den Meister" das Objekt des Satzes ist.  Der Sinn des Satzes ist nämlich: Übung bringt den Meister hervor.  Vergl. „Kleider machen Leute".

Anm. 5.  Falls der Infinitiv zu den Verben gehört, welche in ihren finiten Formen durch einen Prädikatsnominativ bestimmt werden (vergl. § 29), so wird in der Konstruktion des Accusativs mit dem Infinitiv, wenn sie abhängig von dem Verbum „lassen" ist, diese Prädikatsbestimmung auch zum Accusativ oder bleibt Nominativ.  Beispiele: „Laß du mich deinen Gesellen sein.  Laß dies Büchlein deinen Freund sein." — Hier wären auch die Nominative „dein Geselle" und „dein Freund" richtig. Hängt aber der Accusativ mit dem Infinitiv von dem Verbum lehren ab, so steht die Prädikatsbestimmung nur im Nominativ, z. B. Ihn hat die Not gelehrt ein Held (zu) sein.

Anm. 6. Manchmal muß der Zusammenhang, in welchem der Satz steht, entscheiden, ob in ihm ein Prädikatsaccusativ oder ein Adverbium anzunehmen ist. So ist in dem Satze „du schiltst ihn ungerecht" das Wort „ungerecht" Prädikatsaccusativ zu „ihn", wenn der Sinn sein soll: Er ist nach deiner scheltenden Rede ein ungerechter Mensch"; dasselbe Wort ist aber ein Adverbium zu „schelten", wenn der Sinn sein soll: „Dein auf ihn gerichtetes Schelten ist ein ungerechtes, du schiltst ihn ungerechter Weise.

Anm. 7. Dieselbe Beziehung zum Objekte wie ein Prädikatsaccusativ kann auch ein Kasus mit Präp. haben. Vergleiche die folgenden drei Sätze: „ich sah ihn betrübt, ich sah ihn weinen, ich sah ihn in Thränen." Zuweilen muß aber auch hier der Zusammenhang klar machen, ob durch den Kasus mit Präp. das Objekt oder das finite Verbum bestimmt wird. Heißt z. B. der Satz: „ich sehe ihn in der Laube", so ist es klar, daß sich der Sprechende, also der jetzt Sehende, nicht in der Laube befindet, denn er hätte keinen Grund, das noch ausdrücklich zu sagen; heißt der Satz aber „ich sah ihn vorhin im Garten", so ist es zweifelhaft, ob der Sprechende damals seine Beobachtung etwa vom Fenster aus gemacht oder sich auch im Garten befunden hat, das heißt, ob „im Garten" Prädikatsbestimmung zu „ihn" ist, oder nicht. — In dem Satze „ich glaubte in meinem Wahne mich schon in Sicherheit" ist der Kasus mit Präp. „in meinem Wahne" Bestimmung zu „glaubte", dagegen der Kasus mit Präp. „in Sicherheit" ist eine dem Prädikatsaccusativ „geborgen" ähnliche Bestimmung zum Objekte „mich".

Anm. 8. Bemerkenswert ist, daß Verba, die sonst nur durch ein Substantiv desselben Stammes oder ähnlicher Bedeutung bestimmt werden können (wie schlafen z. B. „er schlief den Schlaf des Gerechten", träumen z. B. wir haben einen schönen Traum geträumt), bei reflexivem Gebrauch mit einem Prädikatsaccusativ (oder mit einem dafür eintretenden Kasus mit Präp.) verbunden werden. Beispiele: Er schlief sich gesund. Ich träumte mich dem höchsten Glücke nah. Du läufst dich müde. Du läufst dich außer Atem.

§ 34. Die Kasus sind im Deutschen nicht immer an der Form zu erkennen; dann macht der Sinn des Satzes, die Konstruktion des Verbums, zuweilen auch die Wortstellung klar, welcher Kasus gemeint ist.

Beispiele: Gieb mir Waffer. Die Hafen fürchten die Hunde. Sie beschuldigten ihn der Teilnahme an der That. Gott sei Dank! Folge nicht diesen Knaben. Ich lobe diesen Knaben. Der Mann, deſſen Treue ich mein Haus anvertraut habe, hat mich hinter= gangen. Die Griechen besiegten die Perſer bei Marathon.

## B. Prädikatsbestimmungen mit Präpositionen.

§ 35. Die Präpositionen drücken urſprünglich ein Ver= hältniß im Raum aus, z. B. die Anſchauungen des Oben und Unten, Hinten und Vorn, Innen und Außen. Sie können mit anderen Wörtern zuſammengeſetzt werden (überſetzen, wider= legen, Überwurf, Zuſtand, Beiſtand, gegenüber, zuwider) oder werden mit dem Kaſus eines Nomens und mit Adverbien ver= bunden.

§ 36. Nur mit dem Dativ werden verbunden: aus, bei, mit, nach, von, zu.

§ 37. Nur mit dem Accuſativ werden verbunden: durch, für, gegen, ohne, um, wider. (Die Adverbien „zuwider, ent= gegen, gegenüber", werden mit dem Dativ verbunden.)

§ 38. Folgende Präpositionen werden mit dem Accuſativ auf die Frage wohin?, mit dem Dativ auf die Frage wo? verbunden: an, auf, hinter, in, neben, über, unter, vor, zwiſchen.
Beiſpiele: Hänge das Bild an die Wand. Das Bild hängt an der Wand. An wen ſoll ich mich wenden? An dir habe ich große Freude. An dieſem Tiſche habe ich am vergangenen Sonnabend an ihn geſchrieben. Auf dich ſetze ich mein Vertrauen. Mein Heil beruht auf dir. Er ging hinter das Haus. Hinter dem Hauſe iſt ein ſchöner Garten. Wir ſind hinter ſeine Streiche gekommen. Lege das Geld in den Kaſten. Das Geld liegt in dem (im) Kaſten. Dies kommt mir nicht in den Sinn. Ich habe es noch ſehr genau im Sinn. Er ſaß neben mir. Setze dich neben mich. Das iſt über mein Erwarten (hinaus) geglückt. Sie zündeten ihm das Haus über dem Kopfe an. Geh nicht unter die lärmende Menge. Unter den Bürgern entſtand Zwie= tracht. Vor die Thür muß ein Schloß gelegt werden. Ein Bettler ſteht vor der Thür. Zwiſchen dem Hauſe und dem Garten iſt ein großer Hof. Er trat Friede gebietend zwiſchen die Kämpfer.

Oft hilft es nicht zur Entscheidung über den richtigen
Kasus, daß man die Frage wo? und wohin? stellt. In solchen
Fällen ist der richtige Gebrauch nur aus der Rede gebildeter
Menschen und durch das Lesen guter Bücher zu lernen, z. B. Ich
freue mich über die Bücher. Ich erfreue mich an der Erinnerung.
Auf diesem Fußwege erreichst du schneller die Stadt. Auf
diese Art wirst du nicht viel lernen. Wir haben uns viel über
dich unterhalten. Über acht Tage bin ich bei ihm. Unter acht Tagen
kann die Arbeit nicht fertig sein. Er wurde auf das Zeugnis
dieses Menschen verurteilt. Fürchte dich nicht vor ihm. Zweifle
nicht an meinem guten Willen.

§ 39. Die (seltene) Präposition ob wird mit dem Dativ und
mit dem Genetiv verbunden, z. B.: Ob seinem Haupte hängt ein
Schwert. Er ärgerte sich sehr ob des ihm zugefügten Verlustes.
Statt ob mit dem Dativ sagt man gewöhnlich über mit dem
Dativ, statt ob mit dem Genetiv über mit dem Accusativ.

Außer kann, ohne daß ein Kasus damit verbunden wird,
(absolut) gebraucht werden im Sinne von ausgenommen z. B.
außer mit dir. Steht ein Kasus dabei, so ist es gewöhnlich der Dativ,
z. B. „Außer mir war niemand von uns zugegen", selten der Genetiv
oder Accusativ: „außer Landes sein, außer allen Zweifel setzen."

Mit bis wird ein Kasus (der Accusativ) nur verbunden,
wenn das Substantiv eine Zeitangabe enthält, z. B. bis diesen
Tag; mit Adverbien (und Eigennamen ohne Kasusbezeichnung)
wird es in Raumangaben oder in Zeitangaben verbunden z. B.
bis jetzt, bis hieher, (bis Berlin).

§ 40. Die Präpositionen werden auch mit Infinitiven
verbunden z. B.: Durch Jammern erreichst du nichts. Auf Lachen
folgt Weinen. Mit Warten wird nichts erreicht. Er kommt
zu fragen. Entschließe dich zu arbeiten (zur Arbeit). Wir
zwangen ihn zu dienen (zum Dienst).

Anm. 1. Die Bedeutung der Präposition „zu" ist in diesen Beispielen noch mit Klarheit zu erkennen. Aber auch die „Kunst
zu zeichnen" ist eigentlich die auf das Zeichnen gerichtete Kunst;
dagegen ist der sinnverwandte Ausdruck die „Kunst des Zeichnens"
die dem Zeichnen angehörige, in dem Gebiet des Zeichnens
thätige Kunst, sowie „die Kunst des Zeichners", die dem Zeichner
als Besitz angehörige Kunst ist.

Schwer ist es, die ursprüngliche Bedeutung der Richtung noch
da zu erkennen, wo ein Infinitiv mit „zu" im Sinne des allein-

ſtehenden Infinitiv als **Subjektswort** gebraucht wird, wie in dem Satze „für das Vaterland zu ſterben iſt ehrenvoll." Die urſprüngliche Bedeutung von „zu ſterben", nämlich die **Rich-tung** auf das Sterben hin, iſt hier ganz verwiſcht; ſonſt wäre „zu ſterben" ein ſchwächerer Ausdruck als der bloße Infinitiv „ſterben." Wer aber den obigen Satz ſpricht, redet nicht nur von dem Entſchluſſe, für das Vaterland zu ſterben, ſondern drückt durch den mit „zu" verbundenen Infinitiv ganz dasſelbe aus, als wenn er ſagte: „das Sterben für das Vaterland", alſo die wirklich geſchehende Aufopferung des Lebens.

**Anm. 2.** Aus der Verbindung des Infinitivs mit „zu" iſt eine neue Art von Verbaladjektiven entſtanden, z. B. „ein von dir zu verbeſſernder Fehler", „ein leicht zu erreichendes Ziel".

**§ 41.** Zur Präpoſition zu werden auch noch die Präpoſitionen **um** oder **ohne** hinzugefügt. Beiſpiele: Er reiſte, um ſich zu erholen (zur Erholung, um der Erholung willen). Er arbeitet, um zu eſſen (ums Eſſen, ums Brot). Verlebe keinen Tag, ohne zu arbeiten (ohne Arbeit). Ich ſchreibe nie von ihm, ohne viel gelernt zu haben (ohne reiche Belehrung).

**Anm. 1.** In den Verbindungen „um zu eſſen" und „ohne zu arbeiten" ſtehen zwei Präpoſitionen unmittelbar neben ein-ander. Sonſt muß ſolche unmittelbare Zuſammenſtellung ver-mieden werden. Man ſpricht kein gutes Deutſch, wenn man ſagt: „Durch von ihm erteilte Ratſchläge" oder „in mit Gold geſtickten Kleidern". Richtig ſagt man dafür entweder weitläufiger „durch Ratſchläge, die von ihm erteilt ſind" „in Kleidern, welche mit Gold geſtickt ſind" oder kürzer „durch ſeine Ratſchläge" „in goldgeſtickten Kleidern." Zuweilen läßt ſich auch durch Umſtellung dieſer Fehler ſehr leicht beſeitigen, z. B. ſtatt „in mit Gold reich und faſt geſchmacklos geſtickten Kleidern" ſagt man richtig: „in reich und faſt geſchmacklos mit Gold geſtickten Kleidern".

**Anm. 2.** Ebenſo vermeidet man es, einen Kaſus auf eine Präpoſition folgen zu laſſen, der grammatiſch mit ihr verbunden werden könnte und doch dem Sinne des Satzes nach nicht mit ihr verbunden iſt. Man darf alſo nicht ſagen „in dem Kriege ähnlichen Verhältniſſen", ſondern: „in Verhältniſſen, welche dem Kriege ähnlich ſind."

**Anm. 3.** Ganz unbedenklich iſt das unmittelbare Zuſammen-ſtellen von Präpoſitionen nur, wenn ſie noch adverbialen Cha-rakter haben und die Bedeutung der einzelnen Präpoſition nur dunkel gefühlt wird, z. B. „er ſagte dies, um im voraus abzuwehren". Hier gilt „abzuwehren" als ein Wort, „vor-aus" iſt ein aus zwei Präpoſitionen gebildetes Adverbium, „im" iſt

aus Präposition und Zeiger zusammengeschmolzen, und die Bedeutung des „um" wird ohne grammatische Belehrung kaum
noch verstanden.

## II. Bestimmungen des Prädikats durch Adverbien.

### A. Ohne Präpositionen.

§ 42. Beispiele: Er kam gestern. Dort wird gekämpft.
Arbeite fleißig. Wir hören gern. Die Mühe ist vergebens. Er
ist hier. Alles ist hin. Es ist genug. Es regnet nicht.
Anm. Das Adverbium nicht heißt die Verneinung oder
Negation.

### B. Mit Präpositionen.

§ 43. Beispiele: Für heute ruhen wir. Von dort kommen
unsere Freunde. Er scheidet auf immer. Blicke nach oben.
Zwischen heute und morgen kann viel geschehen. Er arbeitet
zu hastig.

Anm. Die Präposition „zu" bedeutet eigentlich die Richtung;
also ist von dem Satze „er arbeitet zu hastig" der ursprüngliche
Sinn „er arbeitet in einer Art, die auf die Hastigkeit gerichtet
ist." Dieser Ausdruck der Richtung wird nun aber in tadelnder
Form im Sinne des Übermaßes verstanden, so daß der Satz
die Bedeutung erhält „er arbeitet hastiger, als zu billigen ist."
Während also der Sinn der Präposition „zu" bei dem als Subjektswort stehenden Infinitiv fast bis zur Bedeutungslosigkeit
abgeschwächt ist, erhält dieselbe Präposition in der Verbindung
mit Adverbien und Adjektiven eine so starke, besondere Bedeutung,
daß sie in derselben sogar durch den Ton kräftig hervorgehoben
werden kann; z. B. „er ist nur zu geschäftig" das heißt „er ist
nur auf die Geschäftigkeit gerichtet."

Dagegen hat die Präposition „an" in Verbindung mit einem
Superlativ die Kraft ihrer Bedeutung eingebüßt. „Er ist am
fleißigsten von allen" bedeutet nicht: „er ist in der Nähe der
höchsten Stufe des Fleißes", sondern: „er befindet sich auf der
höchsten Stufe, er ist der fleißigste." Ähnlich ist der Gebrauch
des „an" in dem Satze „an meinem Freunde habe ich einen
vortrefflichen Berater". Auch hier ist der Berater nicht als in der
Nähe des Freundes, sondern als der Freund selber gedacht. So wird
mit dem Ausdruck „er kam am ersten März" nicht die Nähe
dieses Tages, sondern der Tag selber bezeichnet. Auch die Prä-

position „um" wird so gebraucht. Durch die Frage: „wie steht es um den Freund?" wird nicht nach dem Befinden der Umgebung des Freundes gefragt, sondern nach dem Befinden des Freundes selber. — Oft scheinen die Präpositionen Verschiedenes zu bedeuten, während die Verschiedenheit vielmehr in den mit ihnen verbundenen Begriffen liegt. In den beiden Sätzen „er ist aufs äußerste erregt" und „er ist auf das Äußerste gefaßt" bedeutet die Präposition genau dasselbe; in dem ersten Satze aber wird unter dem Äußersten das äußerste (höchste) Maß gedacht, bis auf welches die Erregung geht, dagegen in dem zweiten unter demselben Worte die äußerste Möglichkeit der Ereignisse, auf welche die Fassung (die Erwartung) sich richtet.

§ 44. Dasselbe Prädikat (derselbe Verbalinhalt) erhält sehr oft mehrere verschiedenartige Bestimmungen neben einander, auch gleichartige Bestimmungen verdoppelt oder vervielfacht, z. B. Er gab mir gestern auf der Straße den Brief. (Dativ, Adv., Kasus mit Präp., Objekt.) Erbarme dich gern des Unglücklichen (Objekt, Adv., Genetiv). Glück stellt die Menschen oft dem Neide bloß (Obj., Adv., Dativ, Prädikatsaccusativ.) Auf dem Markte bieten sie Birnen, Äpfel, Nüsse feil. (Kasus mit Präp., drei Objekte, Prädikatsacc.). Sei stets fromm, fleißig, gehorsam. (Adv., drei Prädikatsnominative). Hier, dort, überall suchte ich mit Sehnsucht den Freund. (Drei Adverbia, Kasus mit Präp., Objekt.) Ihr sollt hören, sehen und staunen. (Drei Objekte, deren letztes durch „und" angeschlossen ist.)

## Mittelbare Satzbestimmungen.

### 1. Bestimmungen der Substantiva (Attribute).

§ 45. Alle Substantiva (nicht allein das Subjektswort) können 1. durch Adjektiva, 2. durch andere Substantiva, 3. durch Adverbia bestimmt werden. Alle Bestimmungen der Substantiva heißen Attribute. Es gibt also adjektivische, substantivische, adverbiale Attribute zum Substantiv.

Anm. 1. Die Substantiva bezeichnen

1. etwas Selbständiges (Wirkliches oder Erdichtetes) z. B. Wald, Baum, Ast, Blatt, Holz, Donau, Karl; Nixe. Solche Substantiva heißen konkrete Substantiva. — Unter den Beispielen ist Wald ein

Sammelname (ein kollektives Substantiv), d. h. ein solches Substantiv, in welchem an eine Mehrheit gleichartiger Gegenstände
(Bäume) gedacht wird, welche alle zusammen dasselbe bedeuten,
wie der Sammelname; viele Bäume zusammen sind ein Wald, viele
Soldaten zusammen sind ein Heer. — Holz ist ein Stoffname,
d. h. ein Substantivum, welches etwas selbständig Existierendes bezeichnet, was in keiner bestimmten Form gedacht wird. Eine
Regelkugel ist Holz, ein Ballen ist Holz, ebenso ein Stock, eine
Tischplatte, ein Fensterkreuz. Solche Stoffnamen sind z. B. auch
Wasser, Eisen, Tuch. — Donau ist ein Eigenname,
d. h. ein solcher, welcher nur einem Einzelwesen zukommt, oder
wie der Name Karl zwar vielen Einzelwesen, die aber zusammen keine Gattung bilden. Alle, welche Karl heißen, bilden
weder die Gattung Mensch, noch Schüler, noch sonst irgend eine
Gattung. Sie stimmen nur darin überein, daß sie denselben
Namen haben. — Die übrigen Substantiva von obiger Art
heißen Gattungsnamen oder appellative Substantiva,
d. h. solche, welche zusammen eine Gattung bilden. Sie bezeichnen alle nämlich solche Dinge, an welchen bei aller Verschiedenheit im Einzelnen doch gleiche, gemeinsame Eigenschaften
erkannt werden. Alle Bäume wurzeln in der Erde, haben einen
holzigen Stamm, treiben Äste u. s. w. Aber einige von ihnen
haben Nadeln, die andern Blätter; einige tragen eßbare Früchte,
andere nicht. Durch diese Verschiedenheiten innerhalb derselben
Gattung entstehen die Arten, z. B. „Tanne, Buche, Birnbaum".
Auch diese die Arten bezeichnenden Substantiva sind appellative
Substantiva.

Die Substantiva bezeichnen
2. etwas, was zwar nie selbständig existiert, immer nur als
Eigenschaft oder Zustand an etwas Anderem haftet, aber durch
die substantivische Form des Wortes doch so bezeichnet wird,
als ob es selbständig existierte. Beispiele: Die Größe (des
Waldes), die Schönheit (des Baumes), die Länge (des Astes),
die Zartheit (des Blattes), die Schiffbarkeit (der Donau), der
Fleiß (Karls), die Lockung (der Nixe). Solche Substantiva heißen
abstrakte Substantiva.

Anm. 2. Auch die Adjectiva, die adjectivischen Pronomina, adjectivischen Zahlwörter, Participia, welche in der ihnen eigen-
tümlichen Verbindung mit Substantiven (als Attribute) und
mit Verben (als Prädikatsnominative) nie etwas als einen
selbständigen Gegenstand bezeichnen, können als Substantiva
gebraucht (substantiviert) werden und gehören dann meistens zu
den konkreten, selten zu den abstrakten Substantiven.

Konkret gebraucht sind sie in folgenden Beispielen: Er ißt
vom Ei nur das Gelbe. Bringe mir Grünes vom Kranze.

Dieſer iſt's geweſen. Grüße die Deinen. Er iſt der erſte von allen. Kaufe vom Gärtner Blühendes. Der Angeklagte iſt freigeſprochen.

Abſtrakt gebraucht ſind ſie in folgenden Beiſpielen: Ich liebe das Durchſichtige des Waſſers. Das Freundliche an dem Knaben gefällt mir.

Anm. 3. Die Perſonalpronomina ſind Konkreta, die Infinitive Abſtrakta. In den Sätzen „das Eſſen iſt verſalzen, der Bote überbrachte mir ein Schreiben" ſind die Wörter „Eſſen" und „Schreiben" nicht mehr Infinitive, ſondern konkrete Subſtantiva, da ſie nicht mehr einen Zuſtand ausdrücken, ſondern einen Gegenſtand. Sie bedeuten etwa dasſelbe wie „Speiſe" und „Brief."

Anm. 4. Die finiten Verba gehören weder zu den konkreten noch zu den abſtrakten Wörtern, da ſie beides in ſich vereinigen, ſowohl die Bezeichnung von etwas ſelbſtändig Exiſtierendem in der Verbalperſon, als auch die Bezeichnung eines unſelbſtändigen Zuſtandes in dem Verbalſtamm. Sie ſind ſolche Wörter, welche den Satz bilden und zuſammenhalten, nicht ſolche, welche etwas im Satze beſtimmen.

Anm. 5. So weit Wörter als Subjektsworte dienen, ſind ſie immer als ſubſtantiviſch gebrauchte zu betrachten, z. B. „Ihm liegt nur das Heute im Sinne, das Morgen kümmert ihn leider ſehr wenig". Hier bedeutet das Adverbium „heute" ſo viel wie „der heutige Tag." — „Hat iſt die dritte Perſon im Singular von haben." Hier iſt die Verbalform „hat" als etwas Selbſtändiges, als ein Gegenſtand der Grammatik gedacht.

§ 46. Die adjektiviſchen Attribute ſind 1. eigentliche Adjectiva (welche die Eigenſchaft eines Dinges bezeichnen): goldner Ring, treuen Freunden. 2. Participia: blühende Bäume, geliebtes Kind. 3. adjektiviſche Pronomina: meinem Hauſe, dieſes Landes, welches Kind. 4. adjektiviſche Zahlwörter: hundert Krieger, erſtes Gebot.

Anm. Ein Pronomen iſt auch der ſogenannte beſtimmte Artikel „der, die, das", beſſer Zeiger genannt; ein Zahlwort iſt der ſogenannte unbeſtimmte Artikel „ein, eine, ein", den man beſſer entweder eben nur als Zahlwort bezeichnet oder wegen ſeines ſehr häufigen Vorkommens im Unterſchiede von den anderen Zahlwörtern Zähler nennt.

§ 47. Die adjektiviſchen Attribute ſtehen bei der Stellung vor dem Subſtantiv in der Regel in gleichem Genus, Kaſus und

Numerus mit ihrem Substantiv, bei der Stellung nach demselben in der Regel unverändert (ohne Flexionsendung).

Beispiele: Dieser König, treuen Freunden, geliebter Menschen; Blümlein rot und blau; der König, angethan mit dem Purpur.

Anm. 1. Zuweilen entbehrt das vorangestellte abjektivische Attribut der Flexion. Beispiele: In ganz Europa. Durch halb Europa. Jung Siegfried. Viel Glück.

Anm. 2. In dichterischer Rede kann auch demselben Substantiv ein flektiertes Abjektiv vorangehen und ein unflektiertes folgen. Z. B. goldene Blätter fein.

Anm. 3. Die Adjectiva fügen in der Regel solche Eigenschaften dem Substantiv hinzu, welche nicht allen durch das Substantiv bezeichneten Gegenständen eigentümlich sind, z. B. die hölzerne Kugel, die wilden Tiere, das vierstöckige Haus. Zuweilen läßt sich solche Verbindung kürzer durch ein zusammengesetztes Substantiv ausdrücken, z. B. Holzkugel. Solche abjektivischen Attribute nennt man unterscheidende oder artbildende. Sie bilden in ihrer Verbindung mit dem Substantiv eine Art von derjenigen Gattung, welche durch das Substantiv bezeichnet wird.

Andere abjektivische Attribute drücken Eigenschaften aus, welche sämtlichen durch das Substantiv bezeichneten Gegenständen eigentümlich sind, z. B. der gebrechliche Mensch, das unvernünftige Tier, die feuchte Flut, das schützende Dach. Sie bilden keine Art innerhalb der Gattung, sondern werden nur hinzugefügt, um diejenigen Eigenschaften hervorzuheben, auf welche der Redende gemäß dem Zwecke seiner Rede besonders aufmerksam machen will. Diese abjektivischen Attribute veranschaulichen und heißen Epitheta ornantia. Sie finden sich besonders in dichterischen Schilderungen.

Anm. 4. Auch Eigennamen können nicht nur durch unterscheidende, sondern auch durch veranschaulichende abjektivische Attribute bestimmt werden. Unterscheidende Attribute sind enthalten in den Verbindungen „der erzürnte Achilleus, der versöhnte Achilleus", veranschaulichende in „der schnellfüßige Achilleus, der treue Pylades."

§ 48. Die Bestimmungen durch andre Substantiva sind entweder 1. Substantiva allein, 2. Substantiva mit Präpositionen.

§ 49. Die Substantiva allein stehen entweder im Genetiv (z. B. der Ruhm des Dichters) oder in demselben Kasus wie das zu bestimmende Wort d. h. das Beziehungswort.

§ 50. Ein substantivisches Attribut, welches in dem Kasus seines Beziehungsworts steht, nennt man **Apposition**. Genus und Numerus können dabei verschieden sein.

Beispiele: Dem Columbus, dem Entdecker Amerikas.
(Kasus, Genus, Numerus gleich.)
Den Persern, einem asiatischen Volksstamme.
(Kasus und Genus gleich, Numerus verschieden.)
Dieser Hoffnung, meinem einzigen Troste, muß ich entsagen.
(Kasus und Numerus gleich, Genus verschieden.)
Der Griechen, eines hochgebildeten Volkes.
(Kasus gleich, Genus und Numerus verschieden.)

§ 51. Genus und Numerus der Apposition müssen aber denen des Beziehungswortes gleich sein, wenn die Wörter es irgend zu= lassen, z. B. „Die Königin Elisabeth." In Bezug auf den Numerus ist diese Gleichheit fast immer vorhanden.

Anm. 1. Die Apposition zu jedem Kasus des Pronomens der zweiten Person kann auch im Vokativ stehen, z. B. Dir, mein lieber Freund, verschweige ich nichts. Wie oft denke ich euer, meine Freunde! (Wird diesem Pronomen die Apposition in demselben Kasus hinzugefügt, z. B. „Dir, meinem lieben Freunde, verschweige ich nichts" so hat die Apposition den Sinn des Satzes „weil du mein lieber Freund bist.")

Anm. 2. Das substantivische Attribut im Genetiv steht in der Regel nach seinem Beziehungsworte; die Apposition wird, wenn sie aus einem Substantivum besteht, meistens vorange= stellt, z. B. die Stadt Berlin; hat sie selbst aber mehrere Bestimmungen, so steht sie in der Regel hinter ihrem Beziehungs= worte, z. B. Berlin, die Hauptstadt des deutschen Reiches.

Anm. 3. Zuweilen steht das substantivische Attribut ohne Kasusbezeichnung, z. B. eine große Menge Gold.

§ 52. Substantivische Attribute mit Präpositionen: Der Sieg über die Feinde. Der Tag vor den Ferien. Der Zwist unter den Freunden. Wir auf dem Lande. Lust zur Arbeit. Lust zu ar= beiten (Verbalsubstantiv).

Anm. Ein substantivisches Attribut mit Präposition kann durch ein zweites und dieses wieder durch ein drittes bestimmt werden, z. B. Concepte von Briefen an die Königin von England.

§ 53. Die adverbialen Bestimmungen sind entweder 1. Adverbia allein oder 2. Adverbia mit Präpositionen. Beispiele: 1. Die Bergspitze dort. Nur dir. Selbst du. Gerade ihn. Besonders dem Freunde. 2. Der Weg nach oben. Die Leute von drüben. Die Vorbereitungen zu morgen.

§ 54. Zu den Substantiven gehören auch die Infinitive, die deshalb ebenso wie die Substantiva bestimmt werden können, z. B. Lautes Schreien (Adj. Attrib.); das Spielen der Kinder (Subst. Attrib. im Gen.); das Stottern, ein nicht leicht zu besiegender Fehler (Apposition); das Gehen auf verbotenem Wege (Subst. Attribut mit Präp.).

Die Infinitive werden aber auch, besonders wenn sie nicht bereits in dem Zeiger ein adjektivisches Attribut erhalten haben, wie das dazu gehörige finite Verbum bestimmt, z. B.: Den Freund retten (dagegen „das Retten des Freundes"); heute den Berg besteigen (dagegen „das heutige Besteigen des Berges").

## 2. Bestimmungen der Adjektiva und Adverbia.

§ 55. Die Adjectiva (auch Participia) und Adverbia werden im allgemeinen ebenso bestimmt, wie das finite Verbum, d. h. durch Kasus mit oder ohne Präpositionen und durch Adverbien mit oder ohne Präpositionen.

Beispiele: Adjectiva durch einen Kasus bestimmt: treu erfunden, einen Fuß lang, den Ruhm liebend, dem Könige treu, dir verzeihend, unser einer, des Weges kundig, deiner gedenkend.

Adjectiva durch Kasus mit Präp. bestimmt: nach Ruhm begierig, auf dem Lande lebend.

Adjectiva durch Adverbia bestimmt: sehr fleißig, sorgsam arbeitend, von hier sichtbar, von dort gekommen.

Adverbia durch den Accusativ bestimmt: Den Fluß hinauf, vier Jahre lang.

Adverbia durch den Dativ bestimmt: nächst ihm, samt seinem Herrn, nebst seinen Kindern, seit einem Jahre, dank deiner Hülfe, dir fern.

Adverbia durch den Genetiv bestimmt: trotz des Gebotes, deiner würdig (z. B. handelst du; dagegen in dem Satze:

„Du bleibst deiner stets würdig", ist „würdig" Prädikats=
nominativ, also Adjectivum); wober des Weges, statt des
Freundes, unbeschadet seines Ruhmes, kraft meiner Vollmacht,
laut des Gesetzes, wegen des Bruders, während des Friedens,
jenseits der Berge.

Adverbia durch Kasus mit Präposition bestimmt: fern
von dir;

Adverbia durch Adverbia bestimmt: sehr bald, selbst heute,
ganz anders, so selten, noch schöner; weit von hier. So können
mehrere Adverbia auf einander folgen, von denen das vor=
hergehende das folgende bestimmt, z. B. auch noch so fern. —
Dagegen sind in dem Satze „er war kaum hier angekommen"
die beiden Adverbia „kaum" und „hier" unabhängig von ein=
ander Bestimmungen zu „war angekommen." Doch kann in
anderen Sätzen „kaum" sehr wohl eine Bestimmung zu hier
sein, z. B. in dem Satze „Das Gesuchte wirst du kaum
hier finden, geschweige denn anderswo." — Zu Ad=
verbien können nach Art einer Apposition auch andere Adverbia
oder Kasus mit Präp. hinzutreten, z. B. nachher, fünf Jahre
später; morgen, an deinem Geburtstage.

Anm. 1. Die Substantiva trotz, kraft, laut, dank
lassen sich in solchen Verbindungen nicht mehr als Substantiva
erkennen, da man nicht angeben könnte, als welche Kasus sie
den Verbalinhalt bestimmen; dagegen sind mittels, angesichts
noch als Genetive zu erkennen. Wegen ist eine Dativform,
wie man noch aus der Verbindung von Rechts wegen sieht.

Anm. 2. Binnen, längs, auch trotz werden sowohl mit
dem Dativ wie mit dem Genetiv verbunden.

Anm. 3. Die Präpositionen sind eigentlich Adverbia und
können daher auch durch Adverbia bestimmt werden, selbst wenn
sie mit einem Kasus verbunden sind; z. B. „oben auf dem Ge=
birge, dicht bei der Stadt, unmittelbar neben dem Hause, tief
unter der Erde, sehr gegen seine Gewohnheit, kurz vor Sonnen=
aufgang, bald nach Ostern, rings um die Stadt, gerade ins
Verderben." In dem Satze „diese Blume wächst hoch auf dem
Berge" ist das Adverbium „hoch" Bestimmung zu der Präpo=
sition „auf"; dagegen in dem Satze „bei guter Pflege wächst
dieser Baum sehr hoch" ist das (durch das Adverbium „sehr"
bestimmte) Adjektivum „hoch" Prädikatsnominativ zu „wächst".

# Übersicht über die Satzbestimmungen.

## § 56. Bestimmungen zum finiten Verbum.

A. zur Verbalperson (Subjektsbestimmungen):
   das Subjektswort,
   1. im Nominativ.
   2. im Vokativ.

B. zum Verbalinhalt (Prädikatsbestimmungen):
   I. Kasus
      1. allein
         a) Prädikatsnominativ,
         b) Accusativ,
         c) Dativ,
         d) Genetiv.
      2. mit Präpositionen.
   II. Adverbien
      1. allein,
      2. mit Präpositionen.

Im ganzen also neun Arten von Bestimmungen zum finiten Verbum, darunter sieben Arten von Prädikatsbestimmungen.

## § 57. Bestimmungen zum Substantiv.

### (Attribute.)

I. Adjectiva
   1. eigentliche Adjectiva,
   2. Participia,
   3. Pronomina,
   4. Zahlwörter.

II. Substantiva
   1. allein
      a) im Genetiv,
      b) als Apposition.
   2. mit Präpositionen.

III. Adverbia
   1. allein,
   2. mit Präpositionen.

Im ganzen also neun Arten von Attributen, vier adjektivische, drei substantivische, zwei adverbiale.

# Anſchauliche Darſtellung der Satzbeſtimmungen.

§ 58. Anſchaulich (durch ein Satzbild) ſtellt man die Art, in welcher die unmittelbaren Satzbeſtimmungen vom finiten Verbum und die mittelbaren Satzbeſtimmungen von den un= mittelbaren abhängen, dadurch dar, daß man von dem beſtimmten Worte einen Strich nach unten zieht, an deſſen Ende man das beſtimmende Wort ſchreibt. Die zuſammengeſetzten Tem= pora werden hierbei als ein Wort angeſehen. Das Subjekt mit allen ſeinen Beſtimmungen (durch das Subjektswort und deſſen Attribute) heißt volles Subjekt, das Prädikat (der Verbalinhalt mit allen ſeinen Beſtimmungen) volles Prädikat. Die Subjektsbeſtimmungen ſtehen im Satzbilde links, die Prädi= katsbeſtimmungen rechts. Das beſtimmende Wort nennt man auch das regierte Wort und das beſtimmte Wort das regierende Wort.

§ 59. Beiſpiele: „Eine ſtolze Krähe ſchmückte ſich mit den ausgefallenen Federn der Pfauen."

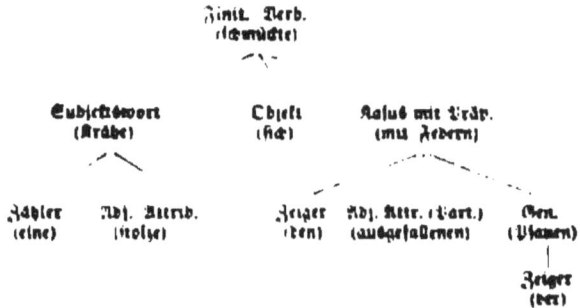

„und miſchte ſich kühn unter dieſe glänzenden Vögel der Juno."

(mit Weglaſſung der Worte des Satzes *) und abgekürzter Bezeichnung der Satzbeſtimmungen:)

---

*) Anm. Werden ſo die Worte weggelaſſen, ſo iſt damit ein Satzbild aufgeſtellt, nach welchem andre Sätze gebildet werden können.

„Schnell fielen die Pfauen mit scharfen Schnäbeln auf sie,
ihr den betrügerischen Putz auszureißen."

„§ 60. „Ein Schäfer hatte durch eine grausame Seuche seine
ganze Herde verloren."

„Das erfuhr der Wolf und kam, seine Kondolenz abzustatten."

„Du dauerst mich, und ich möchte blutige Thränen weinen."

§ 61. Besondere Schwierigkeit macht es, das richtige Satz=
bild aufzustellen, wenn in der Konstruktion des Accusativ mit
dem Infinitiv der Infinitiv durch ein Objekt bestimmt ist.

Die Wortstellung führt oft irre. So in den Sätzen „Laß
dich den Ehrgeiz nicht verführen", „Laßt euch mein Mißtrauen

nicht beleidigen." Das Sagbild ist für beide dasselbe; mit hin=
zugefügten Worten ist das Bild des zweiten folgendes, in welchem
die Verbindung, in der das Sagobjekt mit dem Infinitiv steht,
durch den Strich, der beide verbindet, bezeichnet ist:

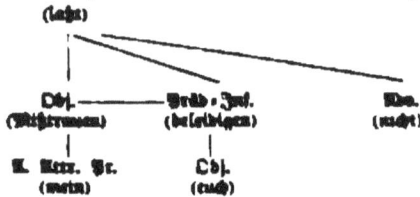

(laßt)

Obj. ─── Präd.=Inf.       Do.
(Richtrunnen)   (beleidigen)   (nicht)

K. Kur. Br.      Obj.
(mein)            (euch)

Dagegen ist in folgendem Sage gar kein Accusativ mit dem
Infinitiv, wohl aber ein Prädikatsaccusativ enthalten, der mit
seinem Objekt vom Infinitiv abhängt: „Er wollte die eigene
Hand vom Blute rein erhalten."

Satzbild:

Fin. Verb.
(wollte)

3.=B.                    Obj. (Inf.)
(er)                     (erhalten)

Obj. ─── Pr.=Acc.
(Hand)     (rein)

Zg. K. Kur.   K. m. Br.
(die) (eigene)  (vom Blute)

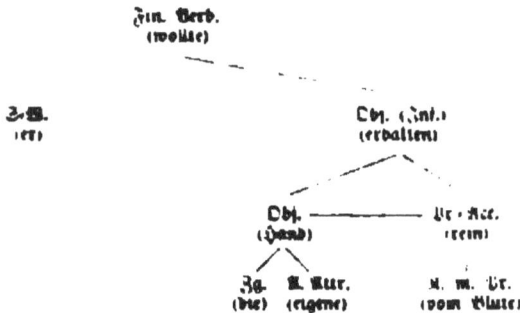

Eben so wenig ist ein Accusativ mit dem Infinitiv in folgendem
Sage enthalten: „Ihr habt mich ermorden lassen wollen."

Satzbild:

Fin. B.
(habt wollen = habt gewollt)

3.=B.                   Obj. (Inf.)
(ihr)                   (lassen)

Obj. (Inf.)
(ermorden)

Obj.
(mich)

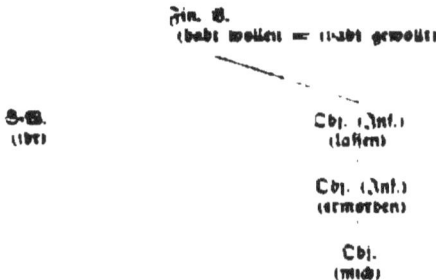

§ 62. So können in ganz gewöhnlicher Rede vier zu
verschiedenen Verben gehörige Accusative unmittelbar auf ein=

ander folgen: „ich bitte dich, es mich denselben Tag wissen zu lassen."

Fin. V.
(bitte)

Z.W.          Obj.          R. m. Vr. Conf. mit zu)
(ich)        (dich)              (zu lassen)

Obj. — Präd-Acc.
(mich)    (wissen)

Obj.      Acc.
(es)      (Tag)

(V. Attr. Vr.)
(denselben)

§ 63. Es kann auch ein Objekt mit Prädikatsaccusativ von einem anderen abhängen: „Laß nicht das Gefühl dich irre führen."

Fin. Verb.
(Laß)

Adv.      Obj. —— Präd-Inf.
(nicht)  (Gefühl)    (führen)

Ju.      Obj. —— Präd-Acc.
(das)    (dich)    (irre)

In „er ließ sich erbitten" ist der Accusativ „sich" von dem Infinitiv „erbitten" abhängig; es ist also kein Accusativ mit dem Infinitiv vorhanden. Dagegen ist in „er ließ sich gehen" der Accusativ mit dem Infinitiv „sich gehen" von „ließ" abhängig.

§ 64. Die Interjektionen, sowie manche Vokative (nämlich diejenigen, welche weder Subjektswort noch Apposition sind), stehen außerhalb des Satzes und sind darum in das Satzbild nicht aufzunehmen. Dasselbe gilt von einigen Nominativen, besonders solchen, welche als Apposition zu dem ganzen Satz zu betrachten sind.

Beispiel: Ach, ich kann dir nicht helfen.

Fin. V.

Z.W.      Adv.   Obj. (Inf.)

Dat.

Hier ist die Interjektion „ach" nicht in das Satzbild aufgenommen. Dasselbe würde der Fall sein müssen, wenn statt

„ach" ſtände „O Himmel" oder „lieber Freund." Ebenſo iſt in dem Satze „ich bin geſtern, ein ſchönes Vergnügen! den ganzen Tag im Regen gewandert" der Nominativ „ein ſchönes Ver= gnügen" zu behandeln.

Anm. Andere Nominative, welche in das Satzbild nicht auf= genommen werden, enthalten nur einen Ausruf (keine Anrede), z. B. „Der arme Menſch! Ich kann ihm nicht helfen." Der obige Nomi= nativ „ein ſchönes Vergnügen" iſt zugleich Appoſition und Ausruf.

## Die Konjunktionen.

§ 65. Die Konjunktionen verbinden entweder gleichartige Satzbeſtimmungen mit einander, oder einen Satz mit dem andern.

Beiſpiele: 1, a: Unmittelbare Satzbeſtimmungen verbunden: Alle Arbeit und Mühe iſt umſonſt. Dir, aber nicht ihm werde ich's geben. Sei fromm und fleißig. Wir müſſen ſiegen oder untergehn. Heute und morgen habe ich keine Zeit.

Satzbild:

„Dir, aber nicht ihm werde ich's geben."

1, b: Mittelbare Satzbeſtimmungen verbunden: Ein kluger und gerechter Freund iſt viel wert. Wir wollen nicht deine Gnade, ſondern unſer gutes Recht erlangen. Das war ein ſchnell und glücklich beendigter Krieg.

Satzbild:

„Das war ein ſchnell und glücklich beendigter Krieg."

2. Sätze mit einander verbunden: Bete und arbeite. Er kam und fragte. Du kommſt, aber ich gehe. Er wird wenig

erreichen, denn er ist saumselig. Er war nicht zu rechter Zeit gekommen, hat also auch nichts erhalten. Ich habe zu arbeiten, kann dich deßhalb nicht begleiten.

§ 66. Die verbindende Konjunktion kann auch fehlen, wie zwischen Sätzen, so zwischen gleichartigen Satzbestimmungen. Oft wird nur die letzte Bestimmung durch „und" angeschlossen, während die übrigen unverbunden bleiben.
Beispiele: Gold, Silber, Eisen, Blei sind Metalle. Unser König ist gütig, gerecht, tapfer und ein großer Freund der Kunst.

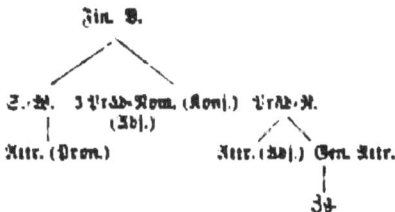

§ 67. Auch verschiedenartige Satzbestimmungen können durch Konjunktionen verbunden werden, wenn sie Gleichartiges bedeuten, z. B. hier und in allen Städten (Raum); schnell, aber ohne Sorgfalt arbeiten (die Art des Arbeitens).

Satzbilder:
„Gold, Silber, Eisen, Blei sind Metalle."

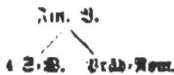

Fig. A.

4 S.-B.   Präd.-Nom.

„Unser König ist gütig, gerecht, tapfer und ein großer Freund der Kunst."

Fig. B.

S.-B.   3 Präd.-Nom. (Konj.)   Präd.-N.
(Sbj.)

Attr. (Pron.)      Attr. (Adj.)   Gen. Attr.
3+

„Er hat seinen Aufsatz sehr schnell, aber ohne genügende Sorgfalt geschrieben."

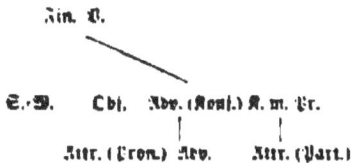

Fig. C.

S.-B.   Obj.   Adv. (Konj.)   K. m. Pr.

Attr. (Pron.) Adv.   Attr. (Part.)

§ 68. Sehr oft sind aus einem vorhergehenden, zuweilen auch aus dem unmittelbar folgenden Satze Satzbestimmungen zu ergänzen.

3*

Beispiele: Cäsar kam, sah und siegte.

Dir gewährte es, mir versagte es unser Freund. Seine Worte hörte, aber verstand ich nicht. (In dem letzten Beispiele ist aus dem ersten Satze das Objekt zum zweiten, aus dem zweiten das Subjektswort zum ersten Satze zu ergänzen).

## Satzbild:

„Seine Worte hörte, aber verstand ich nicht."

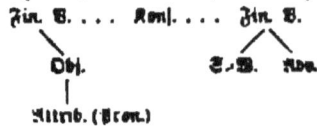

Fin. B. . . . Konj. . . . Fin. B.

Obj.      S.-B.  Adv.

Attrib. (Pron.)

# Die Satzverbindung.

§ 69. Sind zwei oder mehrere Sätze durch ihren Inhalt eng mit einander verbunden, so entsteht eine Satzverbindung, z. B. „Komm mit, wir wollen den Freund besuchen."

§ 70. Man erkennt die Satzverbindung daran, daß man den Inhalt derselben auch durch einen Satz wiedergeben könnte: „Komm mit zum Besuche des Freundes."

Auch wenn ich den beiden Sätzen noch den britten (mit der Konjunktion „denn" oder ohne dieselbe) hinzufüge „(denn) er erwartet uns sehnlichst," kann ich den Inhalt dieser drei Sätze durch einen Satz wiedergeben: „Komm mit zum Besuche des uns sehnlichst erwartenden Freundes."

Der erste Satz enthält die Aufforderung zum Mitkommen (das Wichtigste der Satzverbindung), der zweite den Zweck des Mit= kommens (das Besuchen), der britte den Grund, warum der Besuch nötig erscheint.

Das Wichtigste bleibt hier durch das finite Verbum (einen Satz) ausgedrückt; die beiden andern Sätze (obwohl sie beide ein Subjektswort enthalten) sind unmittelbare oder mittelbare Be= stimmungen desselben geworden.

Aus dem zweiten Satze ist Kasus mit Präposition zum finiten Verbum geworden, aus dem dritten Satze adjektivisches Attribut (Participium) zum genetivischen Attribut des Kasus mit Prä= position.

## § 71. Bild der Satzverbindung:

„Komm mit, wir wollen den Freund besuchen, (denn) er erwartet uns sehnlichst."

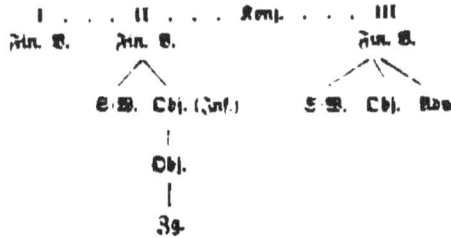

```
I . . . II . . . Konj. . . . III
  Hpt. S.     Hpt. S.              Zw. S.

        S.-W. Obj. (Inf.)      S.-W. Obj. Adv.
              |
             Obj.
              |
             Zw.
```

§ 72. Bild des dafür eintretenden einfachen Satzes:

Komm mit zum Besuche des uns sehnlichst erwartenden Freundes.

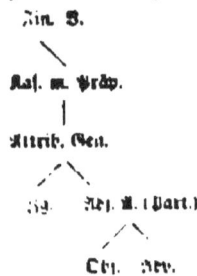

```
        Zw. S.
            \
       Auf. m. Präp.
            |
       Attrib. Gen.
          /   \
      Zw.    Adj. A. (Part.)
              \
          Obj.  Adv.
```

## Die Wortstellung.

§ 73. In der obigen Satzverbindung hätte der dritte Satz, welcher den Grund für den Besuch angiebt, „denn er erwartet uns sehnlichst“, ohne Änderung des Sinnes auch durch den Satz ausgedrückt werden können „weil er uns sehnlichst erwartet.“ An die Stelle der Konjunktion denn ist hier die Konjunktion weil getreten, und außerdem ist die Stellung der Worte zu einander verändert worden.

An dieser veränderten Stellung und an der Konjunktion weil erkennt man, daß der Satz ein Nebensatz ist.

§ 74. Dem Hauptsatze ist es eigentümlich, daß in ihm das finite Verbum und das Subjektswort (mit seinen Bestimmungen) unmittelbar aneinander gerückt sind.

Beispiele: 1. Wir fanden den Freund gestern nicht zu Hause. 2. Bist du mit mir zufrieden? 3. Wäre er doch bei uns geblieben! 4. Im Westen zieht ein starkes Gewitter auf. 5. Gestern regnete es stark. 6. Du hast mir damit eine große Freude gemacht. 7. Ihm bist du immer ein treuer Freund gewesen. 8. Weil er krank war, blieb er zu Hause.

§ 75. Man unterscheidet im Hauptsatze regelmäßige und umge-
kehrte Wortstellung (invertierte Wortstellung, Inversion.) Die
regelmäßige ist: erst Subjektswort, dann finites Verbum.
Die invertierte: erst finites Verbum, dann Subjektswort.

§ 76. Die Inversion findet besonders statt

1. im Fragesatze und im Ausrufungssatze (wie oben in Beisp.
2 und 3);

Anm. Nur wenn das Subjektswort selbst ein Fragewort ist,
bleibt die regelmäßige Stellung, z. B. Wer hat das gethan?

2. wenn eine Prädikatsbestimmung den Satz anfängt,
(wie in Beisp. 4, 5, 7);

3. in demjenigen Hauptsatze, dem sein Nebensatz voraufgeht,
(wie in Beisp. 8.) Solch ein Hauptsatz heißt Nachsatz, der
voraufgehende Nebensatz Vordersatz.

Anm. Nach Vordersätzen, welche das Subjektswort vertreten
(Subjektsätze), kann die Regel über die Inversion des Nachsatzes
nicht gelten, weil dann diesem stets das Subjektswort fehlt. Die
andern Nebensätze aber vertreten Prädikatsbestimmungen und
bewirken eben deßhalb (nach 2) die Inversion.

§ 77. Auch wenn zu einer mitgeteilten Rede Sätze, wie „er
sagte" „sie fragte" am Schlusse hinzugefügt oder in sie eingefügt
werden sollen, erhalten diese die invertierte Stellung, z. B. Ich
komme bald, sagte er. Ist der Vater zu Hause? fragte sie.
Heute, sprach er, bin ich verhindert, euch zu begleiten.

Anm. 1. Die mitgeteilte Rede ist gewissermaßen als das
voraufgehende Objekt zu diesen Sätzen anzusehen und bewirkt
also, wie eine Art von Prädikatsbestimmung, die Inversion in
denselben.

Anm. 2. Die scheinbar zusammengesetzten, nur in den Participien, Infinitiven und in Nebensätzen als ein Wort geschrie-
benen Verba, wie ankommen, aufstehen, zeigen durch die
Wortstellung im Hauptsatze, daß die Zusammensetzung für die
wichtigsten Verbalformen (das finite Verbum) eben nur eine schein-
bare ist. Die Präpositionen (oder richtiger bezeichnet: Adverbia)
stehen dann weit getrennt vom Verbum am Ende des Satzes,
z. B. „Sie kamen nach vielen Gefahren zuletzt glücklich bei
uns an." Das Adverbium an ist also eine Prädikatsbestimmung,
nicht ein Teil des finiten Verbums. Fängt daher des Nachdrucks wegen der Satz mit solchem Adverbium an, so bewirkt

er Inversion, wie alle Prädikatsbestimmungen, z. B. „Mit nehme ich dich nicht, aber hier lassen kann ich dich auch nicht." „Nach=brängt das Volk mit wildem Rufen." — Die in der That mit Verben zusammengesetzten Adverbia (oder Präpositionen) sind von denselben stets untrennbar, z. B. „Ich übersetzte ihm das Lesestück", „sie unternehmen eine gefährliche Reise", „überlege doch!" An dieser Untrennbarkeit und an der Unbetontheit der Präposition sind die wirklich zusammengesetzten Verba immer zu er=kennen. Vergleiche: übersetzen und übersetzen.

§ 78. Meistens findet im Hauptsatze die regelmäßige Wortstellung statt, d. h. das Subjektswort (mit seinen Be=stimmungen) geht voran, das finite Verbum folgt unmittelbar.

Anm. Die Dichter geben zuweilen auch Behauptungssätzen die Stellung des Fragesatzes, z. B. Saß ein Knab' ein Rößlein stehn. — Soll in gewöhnlicher Prosa das finite Verbum den Satz anfangen, so wird doch vor dasselbe das Wort „es" ge=stellt, welches das Subjektswort vorläufig andeutet.

§ 79. Beim Konjugieren der Verba betrachtet man Wortver=bindungen wie „bin gewesen", „wirst sehen", „wurde gelobt", „hast gefunden" als eine Verbalform (zusammengesetzte Zeit), weil ihr Inhalt in andern Sprachen durch eine Form aus=gebrückt wird. Aber auch innerhalb dieser Formen muß man das finite Verbum von den andern Wörtern unterscheiden. Die Regel über die Stellung gilt auch hier vom finiten Verbum und gilt nur von ihm (wie § 74 in Beisp. 3, 6, 7).

Anm. Die zusammengesetzten Tempora von einigen Verben werden in ihrer Bedeutung nur durch den Zusammenhang klar, z. B. „ich werde empfangen." In dem Satze „Morgen werde ich Nachricht empfangen" ist diese Form Futurum des Aktivs, dagegen in dem Satze „ich werde hier so freundlich empfangen" ist sie Präsens des Passivs. Ebenso z. B. die Verba er=schlagen, vergraben, verlassen, erhalten. Wie unter=scheiden sich dagegen die Verba empfinden, umarmen, finden, sehen, loben in diesen beiden Formen?

§ 80. Ganz anders als im Hauptsatze ist die Stellung der Wörter im Nebensatze. Während im Hauptsatze (in regel=mäßiger wie in invertierter Stellung) finites Verbum und Sub=jektswort nicht getrennt sind, sind beide im Nebensatze so weit wie irgend möglich getrennt, d. h. das Subjektswort fängt den

Satz an, das finite Verbum schließt ihn. Alle Bestimmungen
des Prädikats treten dazwischen. Nur das den Nebensatz mit
dem Hauptsatz verbindende Wort (wie oben die Konjunktion
weil) tritt noch vor das Subjektswort. So ändert sich der
Satz: „Er hatte stets mit rühmenswertem Fleiß seine Arbeiten
gemacht", wenn er durch die Konjunktion weil eingeführt wird und
nun als Nebensatz erscheinen soll, in den Satz: „weil er stets mit
rühmenswertem Fleiß seine Arbeiten gemacht hatte."

Anm. In solchen Nebensätzen, in welchen keine Bestimmung
des Prädikats enthalten ist, rückt das finite Verbum natürlich unmittelbar an das Subjektswort. Beispiele: 1) Da es regnete,
blieben wir zu Hause. 2) Menschen, welche lügen, werden
gern gemieden. 3) Als die Nachricht von dem glänzenden Siege über die Feinde eintraf, jubelten alle Bürger.
(In diesem Satze sind die Worte „die Nachricht von dem glänzenden Siege über die Feinde" das volle Subjekt, welchem
das finite Verbum unmittelbar folgt, weil in ihm das volle
Prädikat enthalten ist.) Füge ich dagegen dem Nebensatze in 1
das Adverbium stark hinzu, vertausche ich in 2 das einfache
Verbum „lügen" mit dem Ausdruck „nicht die Wahrheit reden"
oder bestimme ich in 3 das Verbum „eintraf" durch „bei uns",
so wird gleich die eigentümliche Stellung der Wörter im Nebensatze klar.

## Der zusammengesetzte Satz.

§ 81. Die Verbindung eines Hauptsatzes mit einem Nebensatze oder mehreren Nebensätzen ist ein zusammengesetzter
Satz.

§ 82. Nebensätze werden nicht nur durch Konjunktionen,
sondern auch durch Relativpronomina eingeleitet. Man unterscheidet also Konjunktionalsätze und Relativsätze.

Zu den Relativsätzen gehören auch die durch relativische
Adverbia wie: wo, womit, worauf eingeleiteten Nebensätze.

§ 83. Die Konjunktionen, durch welche Nebensätze ihrem
Hauptsatze angeschlossen werden, heißen unterordnende oder sub-
ordinierende Konjunktionen, wie: weil, da, als, wenn,
daß ꝛc. Die andern heißen nebenordnende oder koordinierende
Konjunktionen, wie: und, denn, aber, deshalb.

§ 84. Wie das Relativpronomen das und die Konjunktion
daß gleich lauten (wenn sie auch verschieden geschrieben werden), so
lauten gleich, werden aber auch gleich geschrieben einige Konjunktionen und Adverbia z. B. da, nun, so oft, seitdem,
trotzdem, insofern. Hier entscheidet schon die Stellung
des finiten Verbums, ob die Wörter Konjunktionen oder
Adverbia sind.

Beispiele: Da ging ich traurig von bannen (Adverbium).
Da ich traurig von bannen ging, folgte er mir mit tröstenden
Worten (Konjunktion). Nun kenne ich ihn ganz (Adverbium).
Nun ich ihn ganz kenne, traue ich ihm nicht mehr (Konjunktion).
So oft ich ihn auch ermahnt habe, so oft war es vergeblich (im
ersten Satz Konjunktion, im zweiten Adverbium). Seitdem habe ich
ihn nicht gesehen (Adverbium). Seitdem ich ihn zum letzten Male
gesehen habe, hat sich vieles verändert. (Konjunktion; auch hier
könnte dem zweiten Satze, dem Hauptsatze, noch das Adverbium
„seitdem" hinzugefügt werden.)

§ 85. Ein Nebensatz kann von einem andern Nebensatze abhängen; dann gilt derjenige, von welchem er abhängt, für ihn
als Hauptsatz.

Beispiel: In dem aus einem Hauptsatz und einem Neben=
satz bestehenden zusammengesetzten Satze „Er war schon unter=
wegs, als es kaum tagte" hat der Nebensatz für seinen Haupt=
satz den Wert einer Satzbestimmung. Ich könnte den Sinn auch
durch den einfachen Satz ausdrücken: „Er war schon sehr früh unter=
wegs." Der Nebensatz vertritt eine adverbiale Bestimmung zum
Prädikat. Nun kann ich aber diesen zusammengesetzten Satz als
Nebensatz einem andern Satze unterordnen und sagen: „Wir
fanden ihn nicht mehr zu Hause, weil er, als es kaum tagte,
schon unterwegs war." Hier bleibt der Satz „als es kaum
tagte" dem früheren Hauptsatze untergeordnet, obwohl dieser selbst
nun zum Nebensatze geworden ist.

§ 86. Als Nebensätze werden auch Sätze betrachtet, welche ur=
sprünglich Fragesätze sind, aber den Wert von Nebensätzen (Bedin=
gungssätzen) erhalten haben, z. B. „Hast du heute Zeit, so komm
doch zu mir." Hier hat der erste Satz, der an der Stellung
seiner Worte als ein ursprünglicher Fragesatz kenntlich ist, die
Bedeutung des Nebensatzes (Bedingungssatzes) „wenn du heute
Zeit hast."

§ 87. Ebenso werden imperativische Sätze gebraucht, z. B. „Thu dies nur, so stürzest du in dein Verderben." (Verschmäh' nur meinen Rat, du wirst es bereuen.) Auch der Imperativsatz hat hier den Wert eines Bedingungssatzes „wenn du dies thust."

§ 88. Bei jenem Fragesatz ist ursprünglich die gefragte Möglichkeit bejaht gedacht, bei diesem Imperativsatz die Aufforderung als befolgt vorgestellt. An Beides pflegt der Redende jetzt nicht mehr zu denken.

§ 89. Auch solche konjunktivischen Hauptsätze, welche sich in Nebensätze mit „daß" verwandeln lassen, werden als Nebensätze betrachtet, ja selbst inbikativische Hauptsätze.

Beispiele: Er sagte, ihm sei ein großes Unglück geschehen. Ich bin überzeugt, du hast Recht.

Hier läßt sich der zweite Satz in eine Satzbestimmung verwandeln, wenn man aus beiden Sätzen den einfachen Satz bildet: „Ich bin von deinem Recht überzeugt." Eben so gut freilich kann man aber auch den ersten Satz in eine Satzbestimmung verwandeln, wenn man den einfachen Satz bildet: „Nach meiner Überzeugung hast du Recht."

§ 90. Was die Satzbestimmungen (auch das Subjektswort) ausdrücken, läßt sich meistens durch Nebensätze ausdrücken, wie man umgekehrt Nebensätze in Satzbestimmungen verwandeln kann.

§ 91. Nur das finite Verbum kann niemals in einen Nebensatz verwandelt werden, weil es für den Satz, welchen es bildet, das unumgänglich Nötige ist.

---

# Übungen in der Vertauschung von Satzbestimmungen mit Nebensätzen.

## 1. Unmittelbare Satzbestimmungen.

§ 92. Daß sich die Erde um die Sonne bewegt, wird heute von keinem Verständigen mehr bezweifelt. (Die Bewegung der Erde um die Sonne — Subjektswort.)

Was du sagst, kann ich nicht glauben. (Das von dir Gesagte, dein Wort — Objekt.)

Er bleibt, was er gewesen ist. (Derselbe, der Alte — Prädikatsnominativ.)

Hilf, wem du irgend helfen kannst. (Jedem ohne Ausnahme nach deinem Vermögen — Dativ zum Prädikat.)

Harre still, was für einen Ausgang die Sache nehmen wird. (Des künftigen Ausganges der Sache — Genetiv zum Prädikat.)

Worüber du dich freust, (darüber) freue ich mich nicht im mindesten. (Über das dich Erfreuende — Kasus mit Präposition zum Prädikat.)

Wo wir uns befinden, ist einst eine Mordthat geschehen. (Hier — Adverbium zum Prädikat, oder an dieser Stelle — Kasus mit Präposition zum Prädikat.)

Woher mir jetzt diese Freude kommt, ist mir früher manches Leid gekommen. (Daher — Adverbium, oder von dort — Adverbium mit Präposition, oder aus dieser Ursache, diesen Verhältnissen — Kasus mit Präposition.)

§ 93. Mit Sicherheit ist nicht immer anzugeben, welcher Satzteil durch einen Nebensatz vertreten wird, im besondern kann man manche Nebensätze sowohl gegen Adverbia als auch gegen Kasus mit Präp. vertauschen.

Alle Sätze, an deren Stelle ein Adverbium eintreten kann, werden Adverbialsätze genannt, wenn das Adverbium auch den Sinn oft nur sehr unbestimmt wiedergiebt.

## 2. Mittelbare Satzbestimmungen.

§ 94. Bist du sicher, daß er kommen wird? (Seines Kommens, seiner Ankunft — Genetiv zum Prädikatsnominativ.)

Sein Vertrauen, daß wir siegen würden, hatte ihn nicht getäuscht. (Auf unsern Sieg — Kasus mit Präp. zum Subjektswort.)

Er arbeitete mit einer Anstrengung, wie ich es nie an ihm gesehen habe. (Für ihn ungewöhnlichen, unerhörten — Attribut des Kasus mit Präp. zum finiten Verbum.)

Er lief eilig, um zu erfahren, weswegen sich dort so viele Menschen angesammelt hätten. (Die Ursache der Ansammlung — Objekt zum Kasus mit Präp. (Infinitiv) zum fin. V.)

Ich gab ihm das Versprechen zu kommen, so bald er es wünsche. (Sofort oder zu jeder von ihm gewünschten Zeit — Adverbialsatz, auf die Frage wann? antwortend, zum Kasus mit Präp. (Infinitiv) zum Objekt).

Weil wir den Zug versäumten, mußten wir den weiten Weg zu Fuß machen. (Wegen der Versäumung, deßhalb — Adverbialsatz, auf die Frage weßhalb? antwortend, zum Objekt (Infinitiv).

Er wünschte den Befehl über den Flügel zu haben, der zuerst angreifen sollte. (Zur Eröffnung des Angriffs ausersehenen. — Attribut zum Kasus mit Präp. zum Objekt zum Kasus mit Präp. (Infinitiv mit zu).

§ 95. Die Nebensätze, welche ein Attribut vertreten, nennt man Attributsätze, z. B. die Nachricht, daß er gekommen ist (von seiner Ankunft — Kasus mit Präposition). Der Sieger, welcher die Feinde so glücklich überwand (der glückliche Sieger über die Feinde). (Hier ist aus dem Nebensatz ein adjektivisches Attribut und ein Kasus mit Präposition zum Substantiv geworden.) In den Worten „der Mann, dem ich vertraue" kann ich den Inhalt des Attributsatzes wiedergeben 1) durch „meines Vertrauens" (Genetiv), 2) durch „von mir erprobte" (Adj. Attribut), 3) „mein zuverlässiger Berater" (Apposition), in jedem Falle aber durch ein Attribut, sei es ein adjektivisches, sei es ein substantivisches. In andern Fällen läßt sich der Inhalt des Attributsatzes durch ein substantivisches, adjektivisches oder adverbiales Attribut ausdrücken z. B. „das Haus, welches jenseits des Flusses liegt." 1) Subst. Attribut (Kasus mit Präposition): Das Haus auf der andern Seite des Flusses. 2) Adjektivisches Attribut (Participium): Das jenseits des Flusses liegende Haus. 3) Adverbiales Attribut: Das Haus jenseits des Flusses.

§ 96. Wie das Subjektswort im einfachen Satze vorläufig durch das Pronomen es angedeutet werden kann, so können auch viele Nebensätze durch Pronomina und Pronominaladverbia vorangehender oder folgender Hauptsätze angedeutet werden.

Beispiele: Das weiß ich, daß du fleißig bist. Es ist nicht wahr, daß er dich verletzt hat. Dessen erinnere ich mich nicht, daß du mir das gesagt hast. Dazu hast du nicht das Geld, daß du es so verschwendest. Wie du säest, so wirst du ernten. (Hast du es gethan, so leugne es nicht. Fahre fort, deine Pflicht zu thun, so wirst du dein Ziel erreichen.)

## Einteilung der Hauptsätze.

§ 97. Die Hauptsätze werden eingeteilt in
1. Indikativische oder Behauptungssätze.
2. Konjunktivische oder Vorstellungssätze.
3. Imperativische oder Heischesätze.
4. Fragesätze.

Alle vier Arten von Hauptsätzen sind entweder bejahende (affirmative) oder verneinende (negative).

§ 98. 1. Durch die indikativischen Sätze will der Redende ausdrücken, daß die Verbindung des vollen Subjekts mit dem vollen Prädikat der Wirklichkeit entspricht. Der Redende leistet durch das Aussprechen des Satzes für diese Übereinstimmung des Gedankens mit der Wirklichkeit Bürgschaft, und die Übereinstimmung ist in der That vorhanden, wenn der Redende weder irrt noch lügt.

2. Durch die konjunktivischen Sätze drückt der Redende die Verbindung des vollen Subjekts mit dem vollen Prädikat als einen Gedanken aus, für dessen Übereinstimmung mit der Wirklichkeit er keine Bürgschaft übernimmt.

Darum ist der Konjunktiv

a) der Modus der indirekten Rede, das heißt, einer Mitteilung von Gedanken anderer Personen, für deren Richtigkeit diese Personen, nicht der, welcher die Gedanken mitteilt, die Bürgschaft zu übernehmen haben. So tritt für die Wahrheit des Satzes „er ist eben angekommen" der Redende ein, dagegen für die Wahrheit des konjunktivischen Satzes in der Satzverbindung „du sagtest, er sei angekommen" wird der Angeredete als Bürge gedacht.

Anm. In dem Satze „ich sagte, er sei gestern angekommen" ist zwar der Redende und der für die Wahrheit des konjunktivischen Satzes Bürgschaft Leistende dieselbe Person, aber als redende gehört sie durch ihr Sprechen der Gegenwart an, als Bürgschaft leistende der Vergangenheit. Es ist keineswegs ausgedrückt, daß die redende Person noch jetzt, während sie redet, die Bürgschaft für die Wahrheit übernehmen will. Klarer noch wird dieser Unterschied durch die Satzverbindung „ich glaubte fest, er sei angekommen; jetzt glaube ich es nicht mehr." Es ist also innerhalb derselben Person die Verschiedenheit vorhanden, die hier in Betracht kommt.

b) der Modus der Annahme, z. B. „A sei gleich B, dann ist A auch gleich C." „Er sei so reich, wie er wolle; ich beneide ihn nicht." „Er bleibe oder gehe, mir ist beides recht."

Ein Hauptsatz mit einem Konjunktiv dieser Anwendung hat den Wert eines Bedingungssatzes.

c) der Modus der Aufforderung, z. B. „Seien wir damit zufrieden." „Hier sei dein Platz!"

Der Redende spricht den der Wirklichkeit noch nicht ent= sprechenden Gedanken in der Absicht aus, daß derselbe ver= wirklicht werde. Dieser Konjunktiv ist also in seiner Bedeutung dem Imperativ sehr ähnlich.

d) der Modus des Wunsches, wenn durch Anwendung des Konjunktivs der Redende einen Gedanken als solchen ausspricht, den er gern verwirklicht sähe oder gesehen hätte. Solche Sätze haben die Wortstellung des Fragesatzes und enthalten als Be= stimmung in der Regel das Adverbium „doch". Beispiele: „Käme er doch heute!" „Hätte ich ihn doch damals gesprochen!"

Häufig wird diesen Sätzen auch eine Interjektion wie „ach" voraufgeschickt.

e) der Modus für die nur unter gewissen Annahmen geltende Aussage, z. B. „ich würde kommen", „ich wäre ge= blieben", „ich hätte gehen sollen."

Diese Sätze sind sehr häufig Hauptsätze zu Bedingungs= sätzen.

3. Durch die imperativischen Sätze wird eine solche Ver= bindung eines Zustandes mit einem Gegenstande ausgedrückt, welche der Wirklichkeit bis jetzt nicht entspricht, welche aber der Redende verwirklicht wissen will (Befehl, Bitte, Gebet).

Anm. Wegen der imperativischen Sätze, welche den Wert eines Bedingungssatzes haben, vergleiche § 86.

4. Durch die Fragesätze, mögen sie im Indikativ oder im Konjunktiv stehen, wird ausgedrückt, daß der Redende über die Richtigkeit der Verbindung von Vorstellungen im Zweifel ist, oder über den Inhalt einer Satzbestimmung in Un= wissenheit sich befindet. Fragesätze der ersten Art sind Satzfragen, Fragesätze der zweiten Art sind Bestimmungs= fragen. Auf Satzfragen wird durch Ja oder Nein geant= wortet, auf Bestimmungsfragen durch eine Bestimmung des finiten Verbums.

§ 99. Die Satzfragen erkennt man an der invertierten Wort=
stellung. So werden aus dem Behauptungssatze „er wird
kommen" und aus dem Vorstellungssatze „er würde kommen"
die Satzfragen: „wird er kommen?" und „würde er
kommen?"

Anm. 1. In diesen Sätzen ist der Redende darüber im Zweifel,
ob die Verbindung des Subjekts mit dem Prädikat der Wirklich=
keit entspricht. Zu den Satzfragen gehören aber auch solche,
in welchen der Redende über diese Verbindung zwar nicht im
Zweifel, aber darüber in Ungewißheit ist, ob eine Be=
stimmung des Subjekts oder Prädikats für gültig gehalten
werden darf. Diese in ihrer Gültigkeit dem Redenden zweifel=
haft erscheinende Satzbestimmung wird durch besondere Betonung
hervorgehoben, z. B. „Ist dein Bruder gestern angekommen?"
„Hat dein Bruder diesen Baum gepflanzt?"
In der ersten Frage zweifelt der Fragende nicht an der Ankunft
des Bruders, wohl aber ist er über die Zeitbestimmung derselben
ungewiß. Er will sich durch die erbetene Auskunft die Richtig=
keit der Hinzufügung des Adverbiums zum Prädikat bestätigen
lassen. In der zweiten Frage zweifelt der Fragende nicht daran,
daß eine von dem Angeredeten und von ihm selber verschiedene
Person den Baum gepflanzt hat, wohl aber ist er über die
nähere Bezeichnung dieser Person im Zweifel. Er will durch
die gehörte Antwort ja oder nein dieser Ungewißheit entfliehen,
d. h. über die Richtigkeit oder Unrichtigkeit der Hinzufügung
des Subjektsworts zu der im finiten Verbum enthaltenen Ver=
balperson belehrt werden.

Anm. 2. Wird eine Satzfrage als Nebensatz von einem
Verbum oder Substantivum abhängig gemacht, so wird sie durch
die Konjunktion ob eingeleitet.

§ 100. In den Bestimmungsfragen wird die Satzbestim=
mung, über deren Inhalt der Fragende in Unwissenheit ist,
durch Fragewörter ersetzt, welche die Form der nicht gewußten Be=
stimmungen haben. So wird durch den Nominativ wer? nach
dem Subjektswort gefragt, durch den Accusativ wen? nach dem
Objekt, durch das Adverbium wann? nach einer adverbialen
Bestimmung des Prädikats (Zeitbestimmung), durch den Kasus
mit Präp. an welchem Orte? nach einer präpositionalen Be=
stimmung des Prädikats (Ortsbestimmung). Dies sind unmittel=
bare Satzbestimmungen. — Aber auch nach mittelbaren Satz=
bestimmungen kann durch die Bestimmungsfragen gefragt werden,
z. B. durch die Frage „wessen Haus?" nach dem genetivischen

Attribut zum Subjektswort oder zum Objekt, durch die Fragen „wie groß?" „wann heute?" nach der adverbialen Bestimmung zum Abjectivum und zum Adverbium.

Die Fragewörter stehen am Anfang des Satzes, der Satz selber hat die invertierte Wortstellung, außer wenn das Fragewort zugleich das Subjektswort oder eine Bestimmung desselben ist.

Anm. Auch als Nebensätze werden Bestimmungsfragen durch dieselben Fragewörter eingeleitet.

§ 101. Wirkliche Fragen werden stets in der Absicht gestellt, um eine Antwort zu erlangen. Dagegen erhalten die Frageform auch Sätze, durch welche der Redende gar nicht seine Ungewißheit oder Unwissenheit ausdrücken will, sondern gerade im Gegenteil seine Überzeugung mit größerer Kraft und Sicherheit aussprechen will, als in Behauptungssätzen. Solche Fragen nennt man rednerische oder rhetorische Fragen.

Anm. 1. Die Darstellungsweise, in welcher der Redende einen dem eigentlichen Wortsinn nach sehr schwachen Ausdruck anwendet, um gerade dadurch einen sehr gewichtigen Inhalt zu bezeichnen, nennt man im allgemeinen Litotes d. h. Schlichtheit des Ausdrucks. Solche Litotes ist z. B. enthalten in den Worten „ein nicht zu verachtendes Geschenk", wenn sie bedeuten sollen „ein sehr wertvolles Geschenk." So enthalten alle Fragen mit Rücksicht auf die grammatische Form eigentlich den Ausdruck der Unsicherheit, enthalten aber in rednerischer (rhetorischer) Anwendung einen kräftigen Ausdruck der Überzeugung.

Anm. 2. Die rhetorische Frage wird, gegenüber dem Behauptungssatze, dadurch ein lebendigerer, kräftigerer Ausdruck der Überzeugung, daß sich der Redende durch dieselbe an seine Zuhörer wendet, nicht in der Absicht, von ihnen Belehrung zu empfangen, sondern ihre schweigende Zustimmung mit voller Sicherheit voraussetzend, weil es nach seiner Meinung ein Gedanke ist, über den man gar keine andere Ansicht haben könne, als der Redner selber. Die Wendung an die Zuhörer giebt dem ausgesprochenen Gedanken größere Lebendigkeit, das dabei mit Sicherheit vorausgesetzte Schweigen derselben läßt den Gedanken als einen ganz unbestreitbaren erscheinen.

§ 102. Die rhetorischen Fragen enthalten teils die Negation „nicht", teils erscheinen sie ohne dieselbe, z. B. „Ist er nicht stets bereitwillig gewesen, uns zu helfen?" und „Ist es von ihm ehrenhaft, so zu handeln?"

§ 103. Die eine **Negation** enthaltende rhetorische Frage ist ein kräftigerer Ausdruck für einen **affirmativen** Behauptungssatz; die **keine** Negation enthaltende rhetorische Frage ist ein kräftigerer Ausdruck für einen **negativen** Behauptungssatz. So ist der erste Fragesatz gleich dem Behauptungssatze „er ist stets bereitwillig gewesen, uns zu helfen“, der zweite Fragesatz gleich dem Behauptungssatze „es ist nicht ehrenhaft von ihm, so zu handeln.“

In der ersten rhetorischen Frage mit der Negation war nämlich der Mangel an Bereitwilligkeit in Frage gestellt, also die Bereitwilligkeit selbst bejaht; in der zweiten ohne Negation war das Vorhandensein der Ehrenhaftigkeit in Frage gestellt, also die Ehrenhaftigkeit selbst verneint.

§ 104. Zu den rhetorischen Fragen gehören auch die **Aus-rufungssätze**, z. B. „Wie groß ist des Allmächtigen Güte!“ Es sind nämlich eigentlich Fragen, welche der Redende in der festen Über-zeugung stellt, daß niemand sie beantworten könne. Durch das Aussprechen des obigen Satzes sagt man, daß niemand das Maß der Größe von Gottes Güte angeben könne; darin liegt der Gedanke, daß seine Güte unendlich ist.

§ 105. **Imperativsätze** und **Fragesätze** setzen stets eine zweite Person voraus, an welche die Rede gerichtet ist.

Der **Imperativsatz** drückt ein Verlangen nach einem Ge-schehen aus, welches der Redende von dem Angeredeten erwartet.

Der **Fragesatz** drückt ein Verlangen nach Erkenntnis aus, welches durch den Angeredeten befriedigt werden soll.

**Anm.** In dem aus einem imperativischen und einem ab-hängigen Fragesatze zusammengesetzten Satze „Sage mir, wer dies getan hat“ wird zwar im allgemeinen ein Verlangen nach Erkenntnis ausgedrückt, das durch den Angeredeten befriedigt werden soll; aber das Verbum des Hauptsatzes (der Imperativ) bezeichnet auch in diesem Falle zunächst nur das Verlangen nach einem Geschehen, daß nämlich der bisher Schweigende reden solle.

§ 106. Allen Sätzen, welche den Ausdruck eines Willens ent-halten (Frage, Wunsch, Aufforderung, Befehl, Bitte), ist die inver-tierte Wortstellung eigentümlich; denn auch in den Imperativsätzen steht das Subjektswort gewöhnlich hinter dem finiten Verbum.

Nur wenn die Anrede des Nachdrucks wegen zum Anruf wird, steht das Subjektswort voran. So unterscheiden sich die Sätze „Komm, Karl" und „Karl! komm."

---

## Einteilung der Nebensätze.

§ 107. Die Nebensätze werden nach vier verschiedenen Einteilungsgründen eingeteilt

A. nach dem Worte, durch welches sie mit dem Hauptsatze verbunden sind:

1. Relativsätze
2. Konjunktionalsätze
3. Abhängige Fragesätze.

Anm. Eines verbindenden Wortes entbehren die Nebensätze, welche aus Fragesätzen entstanden sind (siehe § 86), und die konjunktivischen Hauptsätze, die den Wert von solchen Nebensätzen haben, welche durch die Konjunktion „daß" eingeleitet werden (siehe § 89).

B. nach ihrer Stellung zum Hauptsatze:

1. Vordersätze, d. h. diejenigen, welche dem Hauptsatze voraufgehen.
2. Zwischensätze, d. h. diejenigen, welche von Gliedern des Hauptsatzes umschlossen sind.
3. Angefügte Sätze, d. h. diejenigen, welche dem Hauptsatze folgen.

Anm. Ein Hauptsatz, dem sein Nebensatz vorauf geht, heißt Nachsatz.

C. nach dem Grade der Abhängigkeit vom Hauptsatze:

1. Nebensätze ersten Grades.
2. Nebensätze zweiten Grades.
3. Nebensätze dritten Grades u. s. w.

Anm. Nebensätze ersten Grades sind diejenigen, welche unmittelbar den Hauptsatz bestimmen, Nebensätze zweiten Grades sind diejenigen, welche einen Nebensatz ersten Grades bestimmen u. s. w.

D. nach den Satzbestimmungen, statt deren sie eintreten:

I. statt der Bestimmung der Verbalperson Subjektsätze

   1. für das nominativische Subjektswort
   2. für das vokativische Subjektswort.

II. statt der Bestimmungen des Verbalinhalts

   1. Prädikatsnominativsätze.
   2. Objektsätze.
   3. Genetivsätze.
   4. Dativsätze.
   5. Adverbialsätze.

Anm. Die Adverbialsätze vertreten sowohl Adverbia wie Kasus mit Präp. Sie bilden nur eine Klasse, weil die Präpositionen ursprünglich Adverbia sind. — Sie sind daran zu erkennen, daß ihr Inhalt, wenn auch oft in sehr ungenügender Kürze, durch ein Adverbium wiedergegeben oder angedeutet werden kann. Siehe die in § 111 folgenden Beispiele. Werden sie mit „daß" eingeführt, so steht ein solches andeutendes Adverbium oft im Hauptsatze.

Alle diese Sätze sind unmittelbare Nebensätze, da sie unmittelbare Satzbestimmungen vertreten.

III. statt der mittelbaren Satzbestimmungen:

### Mittelbare Nebensätze.

Zu ihnen gehören die Attributsätze, welche nicht das finite Verbum, sondern ein Substantivum des Hauptsatzes bestimmen.

Anm. 1. Die Sätze unter I, und II, 2. 3. 4. lassen sich auch nach dem Redeteil bezeichnen, den sie stets vertreten. Als solche sind sie Substantivsätze. Andere Sätze, nämlich die Prädikatsnominativsätze und die Attributsätze können in vielen Fällen aufgefaßt werden als Adjectiva vertretend; eine besondere Art Adjektivsätze, als nur diesen Redeteil vertretend, giebt es aber nicht. Vergl. § 95.

Anm. 2. Die Infinitive und Participien können gemäß ihrer verbalen Natur auch Nebensätze regieren, welche den Verbalinhalt bestimmen, also die oben unter II, 1 bis 5 aufgeführten Nebensätze; gemäß ihrer substantivischen Natur aber regieren die Infinitive Attributsätze, wie die Participien gemäß ihrer abjektivischen Natur Adverbialsätze regieren. Alle diese Nebensätze sind, da sie nicht vom finiten Verbum unmittelbar abhängen, mittelbare Nebensätze.

## Beispiele zu D.

### § 108. Subjektsätze.

I, a: Was du gesagt hast, hat ihn sehr betrübt (deine Rede). Es ist bekannt, daß er gern widerspricht (seine Neigung zum Widerspruch). Ob sie kommen werden, steht dahin (ihre Ankunft).

I, b: Der du so oft dich deiner Thaten rühmst, versuche doch hier zu helfen (geschwätziger Prahler).

### Prädikatsnominativsätze.

II, 1: Wir sind selten, was wir sein sollten (durchaus pflichtgetreu). Dieser war es, der uns zurecht gewiesen hat (unser Führer).

### Objektsätze.

II, 2: Ich weiß nicht, wo er sich jetzt befindet (den Ort seines gegenwärtigen Aufenthalts). Wir versicherten ihm, daß wir bereit seien, ihm zu helfen (unsere Bereitwilligkeit zur Hülfe).

Anm. 1. Bei Verben, welche zwei Objekte regieren, kann sowohl das persönliche wie das sachliche Objekt durch einen Nebensatz vertreten werden, z. B. Lehre, die dir folgen wollen, deine Wege (deine Jünger). Lehre mich, was du von ihm gelernt hast (die von ihm empfangene Wissenschaft). — In dem zusammengesetzten Satze „ich sah ihn, wie er weinte" vertritt der Nebensatz die Prädikatsbestimmung zum Objekt (Infinitiv, Adjektiv oder Kasus mit Präp.) „weinen", „voll Thränen", „in Thränen."

Anm. 2. Nebensätze, welche in ein Objekt verwandelt werden können, werden, wenn auch dieses Objekt noch so ungenügend den Inhalt wiedergiebt, stets zu den Objektsätzen gerechnet, z. B. Er fragte, wo ich wohne, wann ich Zeit habe, weshalb ich nicht gekommen sei. Alle diese Sätze drücken den Inhalt der Frage aus; das fragte er, das wollte er wissen. — Dasselbe gilt von den Subjektsätzen. — Objektsätze und Subjektsätze, welche durch Fragewörter wie „ob, wer, wann, wo, wie, warum, wodurch, wozu u. s. w." eingeleitet werden, heißen abhängige Fragesätze.

## § 109. Genetivsätze.

II, 3: Er versicherte mich, daß er bald kommen werde (seiner baldigen Ankunft). Ich erinnere mich nicht, daß ich dies gesagt habe (dieser Worte). Schäme dich, daß du dies nicht weißt (deiner Unwissenheit).

**Anm.** Manche Sätze kann man mit demselben Recht als Objektsätze und als Genetivsätze auffassen. Das erklärt sich daraus, daß viele Verba, welche durch den Genetiv bestimmt werden, in fast gleichem Sinne auch durch den Accusativ bestimmt werden können, z. B. bedürfen, entbehren, genießen, pflegen. Dagegen stehen der Accusativ und der Dativ viel ferner von einander. (Die Vertauschung eines einzelnen, das Verbum bestimmenden Accusativs mit einem Dativ ist unzulässig, doch kann bei den Verben „lehren" und „kosten" einer der beiden Accusative, das persönliche Objekt, durch den Dativ ersetzt werden, z. B. „ich lehre dir die Kunst", „dies kostet mir zehn Mark.")

## § 110. Dativsätze.

II, 4: Der Arzt hilft, wem er helfen kann (jedem nach Vermögen). Wem die Anerkennung nicht gebührt, (dem) zolle keine Anerkennung (dem Unverdienten). Nimmermehr enthülle das Geheimnis, wem es auch sei (irgend einem auf der Erde). Wer sich nicht nach der Decke streckt, dem bleiben die Füße unbedeckt (dem sich nicht nach der Decke Streckenden).

**Anm.** Dativsätze, die nicht in dem Hauptsatze durch einen Dativ angedeutet werden (vergl. § 96), sind selten. Ohne solche Andeutung sind sie nur möglich, wenn das einleitende Relativpronomen auch im Dativ steht, wie oben im ersten und zweiten Beispiele. Im dritten Beispiele ist dieser Dativ des Relativpronomens ohne Ergänzung nicht konstruierbar.

## § 111. Unmittelbare Adverbialsätze.

II, 5: Biege den Baum, so lange er noch jung ist (früh — in seiner Jugend). Wie du säest, wirst du ernten (so — entsprechend deinem Säen — nach der Art deines Säens). Gott sieht uns, wo wir auch sind (überall — an allen Orten). Gräme dich nicht, weil du dies nicht erlangt hast (deßhalb — über das Mißlingen). Damit, daß du die That nur bereust, machst du sie nicht wieder gut (damit allein — mit der bloßen Reue). Daran habe ich nicht gezweifelt, daß du stets guten

Willen haft (an deinem stets vorhandenen guten Willen). Wie mir gemeldet ist, kommt er noch heute (gemäß der Nachricht — nach der Meldung).

## § 112. Attributsätze.

III. Wir hegen die Hoffnung, daß du bald kommen wirst (auf deine baldige Ankunft). \ Den steilen Weg, der dort hinauf führt, bin ich oft gegangen (nach dort oben — auf die Höhe dort). Er ist ein Mensch, der alles verkehrt anfängt (ungeschickter). Ich danke ihm von Herzen, der mich aus dieser Not gerettet hat (meinem Retter aus dieser Not).

## § 113. Mittelbare Nebensätze für andere Bestimmungen.

III. Ihr wollt nicht arbeiten, wie es euch vorgeschrieben ist (ordentlich — nach der Vorschrift). Heiter, wie ich ihn selten gesehen habe, verkehrte er mit uns den ganzen Tag (ungewöhnlich — in seltenem Grade). Wolle stets thun, was du sollst (deine Pflicht). — Dieser letzte Satz ist ein mittelbarer Objektsatz.

Anm. 1. Die Nebensätze drücken in der Regel die Bestimmung zum Hauptsatze bald genauer, bald gefälliger aus, als es innerhalb ihres Hauptsatzes durch bloße Satzbestimmungen geschehen könnte. Wäre das nicht der Fall, so würden sie unnötig sein. Weil es aber so ist, kann man auch durchaus nicht immer ihren vollen Inhalt in eine Satzbestimmung zurück verwandeln. Oft läßt sich, wie es bei obigen Beispielen gezeigt ist, der Inhalt nur sehr unbestimmt andeuten; immer aber läßt sich angeben, welchen Satzteil des Hauptsatzes sie als unmittelbare Bestimmungen vertreten oder als mittelbare bestimmen.

Anm. 2. Ein Nebensatz und eine Satzbestimmung können einander koordiniert sein. So kann das Subjekt des Satzes durch das Subjektswort und einen mit diesem durch „und" verbundenen Subjektsatz bestimmt werden, z. B. „der Anstifter dieses Verbrechens und, wer dabei geholfen hat, werden vergeblich gesucht."

Anm. 3. Der Nebensatz tritt nicht immer an diejenige Stelle, an welcher im einfachen Satze die durch ihn vertretene Bestimmung stehen müßte, z. B. „Jedem ist bekannt, daß Kolumbus Amerika entdeckt hat."

# Darstellung des zusammengesetzten Satzes durch Satzbilder.

### Beispiele.

**§ 114.** 1. Wenn dein Bruder, der mir so wert und teuer ist, wie nur irgend ein Mensch es sein kann, in der Not, die ihn bedrängte, sich an mich gewendet hätte, so würde ich, was nur irgend in meinen Kräften stand, aufgeboten haben, damit er damals die Ruhe, deren er so würdig ist, wieder gewonnen hätte.

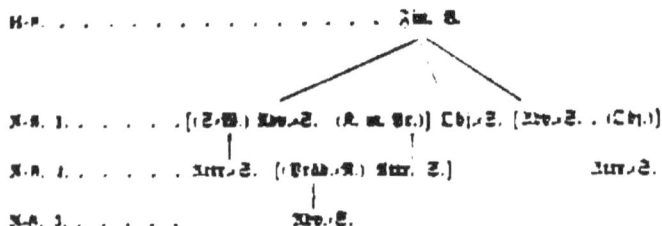

**§ 115.** 2. Ein Mensch, der sich, wie wir wissen, wiederholt unzuverlässig gezeigt hat, darf nicht hoffen, daß man ihm sogleich vertraue, wenn er gelobt, daß er sich bessern werde.

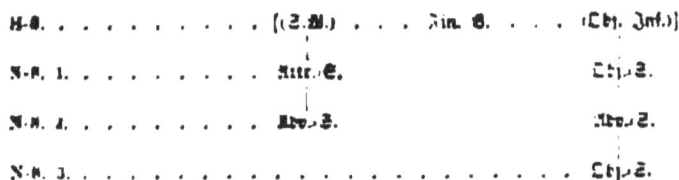

**§ 116.** Die beiden Satzbilder veranschaulichen sehr verschiedene Arten des zusammengesetzten Satzes. In Beisp. 1 hängen drei Nebensätze unmittelbar von dem finiten Verbum des Hauptsatzes ab, in Beisp. 2 kein einziger. In Beisp. 2 sind also die beiden Nebensätze ersten Grades mittelbare Nebensätze des Hauptsatzes, von denen der erste das Subjektswort, der zweite das Objekt (den Infinitiv) des Hauptsatzes bestimmt. In dem Satzbilde wird alles, was kein Satz, sondern bloße Satzbestimmung ist, in runde Klammern eingeschlossen. Anfang und Ende derjenigen Sätze, in welchen eine Satzbestimmung angedeutet ist, werden durch eckige Klammern bezeichnet.

§ 117. In beiden obigen Satzbildern werden die Abhängigkeits-
verhältnisse der einzelnen Sätze veranschaulicht, sowohl in Bezug
auf das, was sie in ihren Hauptsätzen vertreten oder bestimmen,
als auch in Bezug auf den Grad der Abhängigkeit.

Verzichtet man auf die genaue Darstellung der Abhängig-
keitsverhältnisse und will nur den Grad der Abhängigkeit ver-
anschaulichen, dabei aber zugleich deutlich machen, welche
Stellung die Nebensätze zu ihren Hauptsätzen als Vordersätze,
Zwischensätze und eingefügte Sätze haben, so genügen folgende
Satzbilder:

Zu 1:

1a. 2. 3. 1a. 2. 1a. H. 1. H. 1b. 2. 1b.

Zu 2:

H. 1a. 2. 1a. H. 1. 2. 3.

H. bedeutet Hauptsatz oder Teile des Hauptsatzes, die Zahlen
1. 2. 3. bedeuten Nebensätze des ersten, zweiten, dritten Grades,
die kleinen Buchstaben, welche den Zahlen hinzugefügt sind, bedeuten, daß an dieser Stelle nur ein Teil des Nebensatzes
steht. Die Gleichheit der Buchstaben veranschaulicht, daß die
Teile zu denselben Nebensätzen gehören.

Im ersten Beispiel ist also 3. ein angefügter Satz zu 2.,
die beiden Sätze 2. und 3. sind von Teilen des Nebensatzes
ersten Grades 1a. umschlossen.

Derselbe Nebensatz 1a. hat aber noch einen zweiten Zwischen-
satz 2., der durch seine Stellung deutlich von den anderen Zwischen-
sätzen zweiten Grades gesondert ist.

## Die Adverbialsätze.

§ 118. Innerhalb des einfachen Satzes ist die Unterscheidung
der Satzbestimmungen in Subjektswort, Objekte, Attribute u. s. w.
eine rein grammatische, d. h. die Bestimmungen werden an den
Formen, welche die Sprache bildet, erkannt, nämlich an der
Bezeichnung des Kasus und des Genus. Ebenso werden die
adverbialen Bestimmungen im Gegensatz zu den oben genannten
daran erkannt, daß sie durch unflektierbare Wörter gebildet werden.

Diese Wörter teilt man nun aber auch nach dem, was sie
bedeuten, also nach ihrem Inhalt ein, nämlich in Adverbia,
welche ein Zeitverhältnis, ein Ortsverhältnis, ein Verhältnis der

Art und Weise, des Grundes u. s. w. ausdrücken. Diese Einteilung ist deshalb zweckmäßig, weil der Inhalt der Adverbia
etwas bedeutet, was in den meisten Zuständen oder Handlungen erkennbar ist oder doch als vorhanden vorausgesetzt wird.

§ 119. Jede Handlung z. B. setzt nicht nur einen Handelnden
voraus, der grammatisch deutlich durch das Subjektswort bezeichnet wird, und einen Gegenstand, auf welchen sich die Handlung richtet (Objekt), sondern muß auch an einem Orte vor sich
gehen, in eine Zeit fallen, eine Ursache haben, einen Zweck zu
erreichen suchen, eine Folge haben; meistens sind auch Mittel
dazu nötig und Hindernisse sind zu überwinden. Endlich kann sie
auch mit anderen Handlungen und Zuständen verglichen werden.

Alle diese Umstände, welche die verschiedensten Handlungen, wie töten, retten, schreiben, die durch Verba bezeichnet werden, begleiten, werden im einfachen Satze entweder
durch Adverbia allein ausgedrückt, oder durch Kasus mit Präpositionen, die ursprünglich gleichfalls Adverbia sind.

Anm. 1. Ort, Zeit, Ursache, Zweck u. s. w. werden im einfachen Satze entweder durch den verschiedenen Begriffsinhalt
der Adverbia allein oder durch Präpositionen mit verschiedenem
Begriffsinhalt und verschiedener Rektion ausgedrückt. Im
zusammengesetzten Satze ist außer dem begrifflichen Inhalt
der Konjunktion auch der Modus des Verbums im Nebensatze
von Bedeutung für das Verständnis, z. B. „er schreit, daß es
jeder hört" und „er schreit, daß es jeder höre." In dem ersten
Satze enthält der Nebensatz die Folge, in dem zweiten die Absicht.

Anm. 2. Die Substantiva, welche alle etwas als selbständig
existierend oder etwas, was so gedacht wird, ausdrücken, in ähnlicher Weise einzuteilen, würde zu einer Einteilung der Sätze
führen, welche für die Grammatik gar keine Bedeutung mehr
hätte. Solche Teile nämlich würden z. B. sein: naturhistorische,
mathematische, geschichtliche, mythologische Sätze und sehr viele
andere, je nach dem Inhalt der in den Sätzen vorkommenden
Substantiva. — Streng genommen werden deshalb, was für
das Folgende zu beachten ist, auch die adverbialen Nebensätze
nicht nach ihrem Gedankeninhalt selber eingeteilt, sondern
nach dem Verhältnis, in welchem ihr Gedankeninhalt zu dem des
Hauptsatzes steht. So haben z. B. die Sätze „wo unser Heer
siegte, weil unser Heer siegte, als unser Heer siegte" alle insofern denselben Gedankeninhalt, als in ihnen von dem Siege
unseres Heeres die Rede ist; aber derselbe Sieg dient im ersten
Satze dazu, um ein Ortsverhältnis zu dem im Hauptsatze aus-

gedrückten Zustande zu bezeichnen, im zweiten um ein ursäch-
liches Verhältnis, im dritten, um ein Zeitverhältnis zu demselben auszudrücken. Und andrerseits haben die beiden Sätze
„weil unser Heer siegte" und „weil unser Heer besiegt wurde"
einen sehr verschiedenen, ja entgegengesetzten Gedankeninhalt,
stehen aber in demselben Gedankenverhältnisse zu ihrem Hauptsatze, nämlich in dem der Ursache.

§ 120. Beispiele für adverbiale Bestimmungen, nach ihrem Inhalt geordnet: Zeit — Gestern kam er; ewig wird es nicht dauern;
gleich nach meiner Ankunft reiste er ab. Ort — Er wohnt
hier; drüben regnet es; geh nach Hause. Ursache — Er ist
an Altersschwäche gestorben; aus Not hat er das Verbrechen
begangen. Zweck — Wir brauchen hierzu viele Bücher; wir
kommen dich zu bitten. Folge — Er arbeitete bis zur Er-
schöpfung. Mittel — Dadurch erreichst du deine Absicht nicht;
sie räumten ihn mit Gift aus dem Wege. Hindernis — Trotz
des Regens unternahmen wir die Fahrt; er war glücklich bei
aller äußeren Bedrängnis. Art und Weise — Sie kämpften
tapfer; hoffentlich besucht er uns. Bedingung — Er darf
nur in Begleitung ausgehen; bei größerer Muße würde ich die
Arbeit längst vollendet haben. Vergleichung — Er reiste
früher ab (als wir es wünschten); du wirst ebenso empfangen
werden (wie wir empfangen worden sind).

Anm. Die Folge wird sehr häufig durch einen Prädikatsaccusativ bezeichnet, z. B. er arbeitete sich müde. — Wird die
Art und Weise der Handlung oder des Zustandes zugleich als
etwas dem Subjekt Anhaftendes gedacht, so wird sie durch den
Prädikatsnominativ bezeichnet. Vergleiche die beiden Sätze:
„Er kehrte glücklich wieder (ohne Schädigung seiner Gesundheit;
war aber sehr traurig über seinen Mißerfolg)" und „er kehrte
(trotz des erlittenen Armbruchs) sehr glücklich wieder (weil er
seinen Zweck über alles Erwarten erreicht hatte). Das Wort
„glücklich" ist im ersten Satze Adverbium, im zweiten Satze
Prädikatsnominativ.

§ 121. Die Adverbialsätze fügen dem Hauptsatze Bestimmungen
mit ähnlichem Inhalt hinzu, wie die adverbialen Bestimmungen dem
einfachen Satze; doch erlaubt die Form des Satzes einen viel
reicheren Inhalt, als es durch Adverbien auszudrücken möglich
ist. Mit Rücksicht auf diesen Inhalt werden sie ebenso eingeteilt
wie die adverbialen Bestimmungen des einfachen Satzes.

# Einteilung der Adverbialsätze.

§ 122. Die Adverbialsätze werden eingeteilt in solche, welche bezeichnen

## 1. Die Zeit (Temporalsätze).

Beispiele: Während (indem, indes) er arbeitete, ging ich spazieren. Als die Sonne aufging, waren wir schon unterwegs. So oft ich in der Stadt war, besuchte ich ihn. Wenn die Schwalben zurückkehren, naht der Frühling. Es irrt der Mensch, so lang er lebt. Nachdem (als) wir uns erholt hatten, wanderten wir weiter. Seit (seitdem) er auf das Land gezogen ist, habe ich ihn nicht wieder gesehen. Sobald wir unter Dach und Fach waren, brach ein böses Unwetter los. Ich mußte abreisen, bevor (ehe) er ankam. Ich arbeitete angestrengt, bis er mich abholte.

Anm. Die Temporalsätze sind solche, welche einen Zustand (Handlung, Ereignis) bezeichnen, der entweder

1) mit dem im Hauptsatze ausgedrückten Zustande gleichzeitig ist, oder

2) diesem Zustande voraufgeht, oder

3) demselben folgt.

Im ersten Falle gebraucht man die Konjunktionen während, indem, indes, derweil, auch die Konjunktion als, wenn das Verbum des Nebensatzes im Imperfektum steht, z. B. „als wir hieher wanderten, schneite es." Sollen die Zustände des Hauptsatzes und Nebensatzes als sich wiederholende bezeichnet werden, gebraucht man die Konjunktionen so oft und wenn; soll ausgedrückt werden, daß der durch den Nebensatz bezeichnete Zustand dieselbe Dauer hat, wie der durch den Hauptsatz bezeichnete, gebraucht man die Konjunktion so lange.

Im zweiten Falle stehen im Temporalsatze die Konjunktionen nachdem, seit, seitdem, ferner die Konjunktion als, wenn das Verbum des Nebensatzes im Plusquamperfektum und das des Hauptsatzes im Imperfektum steht, endlich die Konjunktionen sobald, sowie, wenn ausgedrückt werden soll, daß der Zustand des Nebensatzes unmittelbar dem des Hauptsatzes voraufgeht.

Im dritten Falle stehen die Konjunktionen ehe, bevor, ferner die Konjunktion bis, wenn der Zustand des Nebensatzes unmittelbar dem des Hauptsatzes folgt.

## 2. Den Ort (Lokalsätze).

Beispiele: Oft findet der Mensch sein Glück, wo er es nicht vermutet hat. Eile, wohin dich deine Pflicht ruft. Woher du stammst, (dort) ist auch meine Heimat.

Anm. Ein Lokalsatz ist auch der Nebensatz in folgendem Satzgefüge: „Wo ich dieses Land kenne, ist es sehr fruchtbar". Hierfür kann man auch sagen „(in) so weit ich dies Land kenne". Man gebraucht nun aber die Konjunktionen so weit, so fern, in so weit, in so fern auch dann, wenn es sich nicht um räumliche Verhältnisse handelt, z. B. „so weit ich über seine Handlungsweise urteilen kann, halte ich sie für gerecht". Hier wird die Handlungsweise als ein Gebiet vorgestellt, von dem nur ein Teil (gleichsam eine Gegend) von dem Redenden beurteilt werden kann. In dem Satze „so weit ich ihn kenne, ist er zuverlässig" ist dieses Gebiet die ganze Persönlichkeit, von welcher der Redende nicht alle Seiten kennt. Solche aus eigentlichen Lokalsätzen hervorgegangenen Nebensätze heißen einschränkende oder restriktive Sätze.

## 3. Die Ursache (Kausalsätze).

Beispiele: Die Wege sind sehr schlecht, weil es so lange geregnet hat. Da er mich rief, eilte ich zu ihm. Ich freue mich herzlich, daß er heute kommt. Weil das Thermometer achtzehn Grad zeigt, ist es in dieser Stube zu warm.

Anm. Man hat zu unterscheiden zwischen der wirkenden Ursache und dem Erkenntnisgrunde. In dem letzten Beispiele enthält der mit weil eingeleitete Nebensatz den Erkenntnisgrund, nicht die wirkende Ursache. Diese ist vielmehr die übermäßige Heizung des Ofens, welche die große Wärme und dadurch auch den hohen Thermometerstand bewirkt hat. Also eine Folge der wirkenden Ursache kann als Erkenntnisgrund dienen, wie man aus dem Rauche das Vorhandensein von Feuer erkennt. Vergleiche die Sätze „weil es blitzt, so wird es donnern" und „weil es donnert, so hat es geblitzt."

## 4. Den Zweck (Finalsätze).

Beispiele: Er ist unverdrossen thätig, damit (auf daß) ihm sein Werk gelinge. Sie gaben sich Mühe, daß sie noch zu rechter Zeit kämen.

Anm. Der Zweck ist ein künftiger Zustand, welcher erstrebt wird und dessen Vorstellung als Ursache wirkt.

So ist in den obigen Beispielen das Gelingen deshalb der Zweck der unverdrossenen Thätigkeit, weil die Vorstellung dieses Gelingens die Thätigkeit hervorruft; ebenso ist die Vorstellung der rechtzeitigen Ankunft die Ursache, welche die Mühe bewirkt.

## 5. Die Folge (Konsekutivsätze).

**Beispiele:** Er schrie, daß man es auf der Straße hörte. Es brach ein gewaltiger Sturm los, so daß unser Schiff in große Gefahr geriet. Er arbeitete mit großem Eifer, so daß er seine Aufgabe noch gestern vollendete.

**Anm.** Die Folge ist entweder eine unbeabsichtigte (nicht bezweckte) d. h. eine solche, bei welcher eine Vorstellung des im Nebensatz ausgedrückten Zustandes nicht die Ursache des im Hauptsatze ausgedrückten Zustandes ist, wie im zweiten Satze, oder eine beabsichtigte, bei welcher dies der Fall ist, wie im dritten Satze. Im ersten Satze sind beide Auffassungen möglich. Der Schreiende kann die Absicht gehabt haben, durch sein lautes Schreien Hülfe herbei zu rufen, es kann aber auch die Vernehmbarkeit seines Schreiens auf der Straße so wenig in seiner Absicht gelegen haben, daß ihm diese Folge des Schreiens nachher ein unangenehmes Bewußtsein ist. — Was mit Absicht geschieht, nennt man Handlung, was ohne Absicht geschieht, Ereignis.

## 6. Das Mittel (Instrumentalsätze).

**Beispiele:** Ihm gelang die Flucht aus dem Gefängnis, indem er die Wächter bestach. Dadurch, daß du ihm trotzest, wirst du gar nichts von ihm erreichen.

**Anm.** In dem ersten Satze ist die gelungene Flucht die mitgeteilte Thatsache, die Sehnsucht nach Freiheit ist als ihre Ursache anzunehmen, die Folge ist die gewonnene Freiheit, der Zweck die zu gewinnende Freiheit (d. h. die Vorstellung der gewonnenen Freiheit), das Mittel, den Zweck zu erreichen, die Bestechung der Wächter.

## 7. Das Hindernis (Konzessivsätze).

**Beispiele:** Sie segelten ab, obwohl (obgleich, obschon, trotzdem, wie sehr auch) es stürmte. Er thut seine Pflicht, wenn auch niemand es anerkennt.

**Anm.** Die Konzessivsätze enthalten eine Thatsache, welche als solche bezeichnet wird, von der man annehmen könnte, daß sie den Zustand (die Handlung) des Hauptsatzes zu verhindern geeignet ist, in der That aber nicht verhindert. Der Sturm hindert nicht die Abfahrt, die fehlende Anerkennung hindert nicht die Pflichterfüllung.

## 8. Die Art und Weise.

Diese Adverbialsätze heißen Modalsätze, wenn sie ohne Vergleichung mit Zuständen anderer Dinge die Art angeben, in welcher das im Hauptsatze Ausgedrückte geschieht; sie heißen Komparativsätze, wenn in ihnen solche Vergleichung angestellt wird.

### 8a. Modalsätze.

Beispiele: Wie du säest, wirst du ernten (deinem Säen entsprechend). Er wird noch heute ankommen, wie er gemeldet hat (seiner Meldung entsprechend). Ich suchte lange nach dem Briefe, ohne daß ich ihn gefunden hätte (vergebens). Er betrieb die Sache, indem er alles andere darüber vergaß (rücksichtslos).

### 8b. Komparativsätze.

Sie drücken entweder 1) die Gleichheit der in dem Hauptsatz und in dem Nebensatz ausgedrückten Zustände aus, oder 2) ihre Ungleichheit. Im letzteren Falle steht in dem Hauptsatze der Komparativ eines Adjectivums oder Adverbiums.

8b, 1) Beispiele: Wie ich höre, ist er eben angekommen (seine Ankunft entsprechend meiner Nachricht). Du benimmst dich hier, als wenn ich gar nicht zugegen wäre (dein Benehmen entsprechend meiner Abwesenheit). Je mehr er drängt, desto mehr widerstehe ich (mein vermehrter Widerstand seinem vermehrten Drängen entsprechend).

8b, 2) Beispiele: Er ist ein tüchtigerer Mensch, als ich glaubte (seine Tüchtigkeit meine Meinung übertreffend). Er schreibt an uns seltener, als ich hoffte (sein Schreiben hinter unserer Erwartung zurückbleibend).

## 9. Die Bedingung (Konditionalsätze).

Beispiele: Wenn (Falls) ich gesund bleibe, reise ich in diesem Herbst nach Italien. Wenn ich Zeit hätte, würde ich die Arbeit übernehmen.

Anm. 1. Durch das konditionale Satzgefüge wird entweder über die Wahrheit des Inhalts der beiden Sätze nichts ausge-

sagt, wie im erften Beifpiele, oder es wird fowohl die Unwahr=
heit des Hauptfatzes als auch die des Nebenfatzes ausgefagt, wie im
zweiten Beifpiele („ich habe nicht Zeit, ich übernehme die Arbeit
nicht”). Durch jedes konditionale Satzgefüge aber wird aus=
gedrückt, daß der Inhalt des Nebenfatzes (mag er als wirklich
oder als unwirklich dargeftellt werden) zum Inhalt des Haupt=
fatzes in dem Verhältniffe von Urfache und Wirkung fteht.

Anm. 2. Das Wort Bedingung bedeutet in der Gram=
matik fo viel wie Annahme. Es kann darunter alfo auch die
Annahme der wirkenden Urfache verftanden werden. Sonft werden
unter Bedingungen die bleibenden Zuftände verftanden, welche
vorhanden fein müffen, wenn die Urfache, welche eine eintretende
Veränderung ift, wirkfam fein foll. So ift z. B. der
in das Pulverfatz hineinfallende Funke die Urfache der Explofion,
die Trockenheit des Pulvers aber eine Bedingung derfelben,
ohne welche fie nicht ftattfinden kann. Notwendige Bedingungen
einer Vergnügungsreife pflegen z. B. zu fein: Befitz des Reife=
geldes, eigene Gefundheit, Gefundheit der Angehörigen, Freiheit
von Gefchäften, friedlicher Zuftand des Landes, günftige Jahres=
zeit, aber alle diefe Bedingungen find fehr oft für einen Menfchen
vorhanden, ohne daß er die Reife unternimmt. Erft wenn etwa
die Aufforderung eines Freundes Beweggrund zur Reife wird,
tritt zu diefen Bedingungen die wirkende Urfache hinzu, welche
wieder an fich ohnmächtig wäre, wenn jene Bedingungen fehlten.

Anm. 3. Sätze, welche mit „ohne daß” eingeleitet werden,
drücken Umftände aus, von denen die Handlung oder der Zu=
ftand des Hauptfatzes nicht begleitet worden ift, welche man
aber hätte erwarten können, z. B.

eine fehlende Urfache: „er fprach, ohne daß er gefragt
worden wäre”;

ein fehlendes Mittel: „er erfocht einen glänzenden Sieg,
ohne daß er viel Menfchenleben geopfert hätte”;

eine fehlende Folge: „ich grüßte ihn, ohne daß er dankte”;

eine fehlende Art und Weife: „er unternahm die Reife,
ohne daß ein Diener ihn begleitete”.

Anm. 4. Derfelbe Hauptfatz kann zugleich durch einen Kon=
ditionalfatz, einen Kaufalfatz und einen Konzeffivfatz beftimmt
werden, z. B. „Wenn ich heute noch meine Gefchäfte erledige,
fo reife ich, weil ich fo dringend von ihm eingeladen bin,
ficherlich morgen zu ihm, obgleich mein Befinden nicht das
befte ift”.

# Die abhängigen Fragesätze.

§ 123. Mit den Adverbialsätzen darf man nicht die abhängigen Fragesätze verwechseln, von welchen viele e b e n s o eingeleitet werden, wie die Adverbialsätze. So kann in dem Satzgefüge „Schreibe, wo es dir am besten gefällt" der Nebensatz sowohl ein abhängiger Fragesatz (Objektsatz) als auch ein Lokalsatz (Adverbialsatz) sein. Ein abhängiger Fragesatz ist er, wenn der Angeredete aufgefordert wird, brieflich den Ort zu bezeichnen, der ihm am meisten gefällt; ein Lokalsatz ist er, wenn der Angeredete aufgefordert wird, da zu schreiben, wo er am liebsten wolle, in der Stube oder im Garten, an diesem oder an jenem Tische. In dem ersten Falle ist die Angabe des Ortes der Inhalt des Schreibens (das Geschriebene, das Objekt), im zweiten Falle ist der Ort etwas, wodurch das Schreiben bestimmt wird (ein besonderer Umstand, eine adverbiale Bestimmung). Kurz ausgedrückt ist der Sinn des abhängigen Fragesatzes in dem einfachen Satze „Schreibe dies", der des Lokalsatzes in dem einfachen Satze „Schreibe dort."

§ 124. Beispiele von abhängigen Fragesätzen.

1. Sage mir, wann er gekommen ist (die Zeit).
2. Sage mir, wo er wohnt (den Ort).
3. Sage mir, warum du dich verspätet hast (die Ursache).
4. Sage mir, weshalb du verreisen willst (den Zweck).
5. Sage mir, wohin das geführt hat (die Folge).
6. Sage mir, wodurch er so schnell vorwärts gekommen ist (das Mittel).
7. Sage mir, trotz welcher Schwierigkeiten er die Reise unternommen hat (das besiegte Hindernis).
8a. Sage mir, wie du geschlafen hast (die Art und Weise).
8b. Sage mir, wie er im Verhältnis zu anderen gearbeitet hat (die Ähnlichkeit).
9. Sage mir, unter welchen Umständen (wann) er gereist wäre (die Bedingung).

### § 125. Beispiele von Adverbialsätzen.

1. Gieb mir Nachricht, so bald bu kannst (Temporalsatz).
2. Gieb mir Nachricht, wo niemand uns hört (Lokalsatz).
3. Gieb mir Nachricht, weil du mich baburch erfreust (Kausalsatz).
4. Gieb mir Nachricht, damit ich zu rechter Zeit komme (Finalsatz).
5. Gieb mir Nachricht, so baß ich beruhigt bin (Konse=kutivsatz).
6. Gieb mir Nachricht, baburch baß du das verabredete Zeichen machst (Instrumentalsatz).
7. Gieb mir Nachricht, obwohl du burch deine Arbeit sehr in Anspruch genommen bist (Konzessivsatz).
8. Gieb mir Nachricht, so wie es bir am bequemsten ist (Mobalsatz).
9. Gieb mir Nachricht, wenn du mich liebst (Konditionalsatz).

## Hauptsätze und Satzbestimmungen im Werte von Nebensätzen.

#### A. Hauptsätze im Werte von Nebensätzen.

§ 126. Die Hauptsätze enthalten keineswegs immer den wichtig=sten Gebanken der Satzverbindung, ebenso wenig wie das Subjekts=wort im einfachen Satze immer den wichtigsten Gegenstand der Aussage bezeichnet.

Anm. In dem Satze „man kommt auf biesem Wege schneller in die Stadt" sind für ben Gebanten bie Substantiva Weg und Stabt viel wichtiger als das Pronomen man. Es ist nicht nötig, bei einer Umformung bes Satzes, burch welche man benselben Inhalt ausbruden möchte, bas Subjektswort „man" bem Satze zu erhalten; aber jene beiben Substantiva können nicht leicht bem umgeformten Satze fehlen, z. B. „biefer Weg führt schneller in bie Stabt" ober „bie Stabt wirb auf biesem Wege schneller erreicht". Hier ist ber Begriff, ben bas Wort man ausbrückt, ganz verschwunben; er konnte aber auch ohne wesentliche Änderung bes Sinnes mit anberen Begriffen ver-tauscht werben, z. B. „Wir kommen auf biesem Wege schneller in bie Stabt" ober „bu kommst, ihr kommt u. s. w."

§ 127. In dem zusammengeſetzten Satze „es war gerade zwölf
Uhr, als der Turm mit furchtbarem Gekrach einſtürzte" enthält der
Nebenſatz die dem Redenden wichtigſte Thatſache, der Hauptſatz
nur eine Zeitangabe zu derſelben, die ſogar durch eine bloße
Satzbeſtimmung ausgedrückt werden kann, wenn der Nebenſatz
zum Hauptſatz umgeformt wird.

Anm. Oft haben angefügte Nebenſätze, welche mit relativiſchen
Wörtern wie „was, worüber, womit" eingeleitet werden,
den Wert von Hauptſätzen. So wird z. B. einer Mitteilung
der Nebenſatz „was ſich denn in der That auch als richtig
ergab" angeſchloſſen. Für dieſen könnte eben ſo gut der Hauptſatz ſtehen: „das ergab ſich denn in der That auch als
richtig". Solche Nebenſätze können durch ein Semikolon vom
Hauptſatze getrennt werden.

§ 128. Der zuſammengeſetzte Satz „es ſcheint, daß er nicht
glücklich iſt" läßt ſich mit Verwandlung des Hauptſatzes in einen
Nebenſatz und des Nebenſatzes in einen Hauptſatz in die Form
bringen „wie es ſcheint, iſt er nicht glücklich" und dieſer wieder durch
Verwandlung des Nebenſatzes in eine Satzbeſtimmung in den einfachen Satz umformen „dem Anſcheine nach iſt er nicht glücklich."
Endlich kann man denſelben Sinn durch zwei Hauptſätze ausdrücken: „es ſcheint, er iſt nicht glücklich."

Anm. In Heinrich von Kleiſts Drama „das Käthchen von
Heilbronn" ſagt Kunigunde (II, 12):

Ich will, daß dem Gefühl, das mir entflammt
Im Buſen iſt, nichts fürder widerſpreche!
Ich will, die Scheidewand ſoll niederſinken,
Die zwiſchen mir und meinem Retter ſteht!
Ich will mein ganzes Leben ungeſtört
Durchatmen, ihn zu preiſen, ihn zu lieben.

Hier wird das Objekt zu „ich will" zuerſt durch einen Nebenſatz, dann durch einen Hauptſatz, endlich durch einen Infinitiv
ausgedrückt. Der ungefähre Sinn der ganzen Rede hätte auch
ſo ausgedrückt werden können, daß die drei Hauptſätze „ich will"
verſchwänden, wenn das jetzt von ihnen Abhängige überall in
Hauptſätze verwandelt wurde, welche das Verbum „ſollen" enthalten.

§ 129. Beſonders häufig ſind die Frageſätze zu dem Wert
eines Nebenſatzes (Konditionalſatzes) herabgeſunken. Zu verſtehen iſt
dieſer Vorgang daraus, daß urſprünglich zu dem Frageſatz die

5*

Antwort hinzugedacht wurde. Zu dieser verschwiegenen Antwort stand dann der Hauptsatz im Verhältnis der Folge.

Einige Beispiele werden den Übergang des Fragesatzes in einen Konditionalsatz deutlich machen.

§ 130. In Goethes Iphigenie redet diese den König, von welchem sie Böses für ihren Bruder befürchtet, mit den Worten an:

> Was sinnst du mir,
> O König, schweigend in der tiefen Seele?
> Ist es Verderben? So töte mich zuerst.

Hier ist der erste Satz eine unzweifelhafte Bestimmungsfrage; aber auch der darauf folgende Satz mit ähnlichem Inhalt ist eine Frage, nämlich eine Satzfrage, auf welche die Fragende sich selber die Antwort giebt „ja, ich muß es fürchten.“ Im Anschluß an diese verschwiegene Antwort fährt sie fort: „so (dann, in diesem Falle) töte mich zuerst.“ Diese Aufforderung ist eine Folge der in der verschwiegenen Antwort angenommenen Möglichkeit des Verderbens. Die Bestimmungsfrage und der Konditionalsatz, der die Form der Satzfrage hat und hier durch die Interpunktion auch als solche bezeichnet wird, könnten auch in den einen Konditionalsatz zusammengezogen werden: „Sinnst du schweigend in der tiefen Seele Verderben.“

§ 131. Es kann auch durch zwei fragende Konditionalsätze nach zwei Möglichkeiten gefragt werden, auf die sich dann der Fragende die Antwort giebt, daß die eine eben so gut wie die andere angenommen werden könne; der Inhalt des Hauptsatzes drückt dann die Folge dieser Annahme aus. So in Uhlands Drama „Herzog Ernst“:

> Hat, wie du sagst, der Jugend Ungeduld,
> Hat böser Freunde Rat ihn irrgeführt,
> So war ihm jetzt im einsamen Verließ
> Zu reiflicher Besinnung Zeit gewährt.

Anm. Der zusammengesetzte Satz „Kann er sich retten auf deine Kosten, wird er Anstand nehmen?“ besteht aus zwei Fragesätzen, von denen der erste, zu welcher der Redende sich die Antwort ergänzt „ja, die Möglichkeit ist vorhanden“ den Wert eines Konditionalsatzes hat und der zweite (der Hauptsatz) eine rhetorische Frage ist, welche den Wert eines negativen Behauptungssatzes hat. Ohne Anwendung von Fragesätzen würde der Satz lauten: „Wenn er sich auf deine Kosten retten kann, so wird er keinen Anstand nehmen es zu tun.“

§ 132. Diese Fragesätze sind deshalb durchaus als Nebensätze zu betrachten, weil sie mit Verkennung ihrer ursprünglichen Bedeutung auch hinter den Hauptsatz gestellt werden. In dem zusammengesetzten Satze

**Rinnen muß der Schweiß,**
**Soll das Werk den Meister loben**

ist von der ursprünglichen Bedeutung des Konditionalsatzes als eines Fragesatzes bei dieser Stellung von Haupt- und Nebensatz nichts mehr zu erkennen. Ständen die Sätze aber in umgekehrter Ordnung, so würde die Bedeutung des Nebensatzes als eines aus einer Frage entstandenen Satzes leicht klar werden: „Soll das Werk den Meister loben? Gewiß ist das anzunehmen. Dann muß der Schweiß rinnen."

Anm. 1. Früher wurden Vordersätze dieser Art durch die Interpunktion oft noch als Fragesätze bezeichnet, z. B. „Ist jemand gutes Muts? der singe Psalmen. Ist jemand krank? der rufe zu sich die Ältesten der Gemeine."

Anm. 2. Wird einem nachgestellten Fragesatze, welcher den Wert eines Nebensatzes hat, das Wort doch eingefügt, so erhält er dadurch die Bedeutung eines Kausalsatzes, z. B. „Ich will es ihm sagen, kommt er doch heute noch zu mir."

Anm. 3. In manchen Fällen ist es gleich, welchem von zwei neben einander stehenden Hauptsätzen, die zusammen einen Gedanken bilden, man den Wert eines Nebensatzes giebt. Die Sätze „Es ist nichts so fein gesponnen, es kommt doch an die Sonnen" lassen sich in den zusammengesetzten Satz verwandeln: „Es ist nichts so fein gesponnen, daß es nicht an die Sonne käme"; aber auch in den anderen: „So fein es auch gesponnen ist, es kommt doch an die Sonne". Ebenso läßt die Satzverbindung „Niemals kehrte der Vater heim, er bracht' euch etwas" umformen in den zusammengesetzten Satz: „Niemals kehrte der Vater heim, ohne daß er euch etwas mitgebracht hätte"; aber auch in den anderen: „So oft auch der Vater heimkehrte, brachte er euch etwas."

§ 133. Über die Imperativsätze, welche den Wert eines Nebensatzes haben, vergl. § 87. Wie nach den Fragesätzen dieser Art in der Regel eine bejahende Antwort zu denken ist, so ist nach diesen Imperativsätzen das Befohlene als ausgeführt vorgestellt. Dieser Annahme schließt sich dann der Hauptsatz als eine daraus gezogene Folgerung an.

§ 134. Auch konjunktivische Hauptsätze werden so ge=
braucht, daß sie den Wert eines Nebensatzes haben. Über ihren Ge=
brauch nach den Verben des Sagens, Glaubens und ähnlichen
vergl. § 98, 2. Aber auch sonst werden sie so gebraucht. Der
Küraffier in „Wallensteins Lager" sagt:

> Liege, wer will, mitten in der Bahn,
> Sei's mein Bruder, mein leiblicher Sohn,
> Über seinen Leib weg muß ich jagen,
> Kann ihn nicht sachte bei Seite tragen.

Hier enthalten die beiden konjunktivischen Sätze Vor=
stellungen, welche eben so gut hätten durch Bedingungssätze
ausgedrückt werden können

**B. Satzbestimmungen im Werte von Nebensätzen.**

§ 135. Der Infinitiv mit „zu, um — zu, ohne — zu" hat
sehr oft den Wert eines Nebensatzes.

So könnte 1. ein Subjektsatz eintreten für den Infinitiv
mit „zu" in dem Beispiele: „ihn so ohne alle Hülfe zu lassen,
ist unmenschlich" (daß man ihn so ohne alle Hülfe läßt)

2. ein Objektsatz für den Infinitiv mit „zu" in dem Bei=
spiele: „ich verspreche dir, heute noch zu kommen" (daß ich heute
noch kommen werde)

3. ein Finalsatz für den Infinitiv mit „um — zu" in dem
Beispiele: „Biete alles auf, um dein Ziel zu erreichen" (damit
du dein Ziel erreichest)

4. ein bejahender Konsekutivsatz für den Infinitiv mit
„zu" oder „um — zu" in den Beispielen: „du bist alt genug,
(um) dies einzusehen" (daß du dies einsehen könntest). „Er
war so dreist, hier ohne weiteres einzutreten" (daß er hier ohne
weiteres eintrat)

5. ein verneinender Konsekutivsatz für den Infinitiv mit
„ohne — zu" und auch für Infinitive mit „um — zu" und
„zu", wenn diese von einem Adjectivum oder Adverbium ab=
hängen, welche selber mit der Präposition „zu" verbunden sind.
Beispiele: „Der Blitz schlug in das Haus ein, ohne einen Be=
wohner zu töten" (ohne daß er einen Bewohner getötet hätte; schlug
so ein, daß er keinen Bewohner tötete). „Er ist nicht mehr zu jung,
dies zu begreifen" (daß er dies nicht begriffe). „Er lief zu
schnell, um eingeholt zu werden" (daß er nicht eingeholt wurde).

§ 136. Attribute, besonders nachgestellte oder von ihrem Be=
ziehungsworte getrennte, haben oft den Wert eines Attribut=
saßes, z. B. „Preisend mit viel schönen Reden ihrer Länder
Wert und Zahl, saßen viele deutsche Fürsten einst zu Worms im
Kaiserjaal" (welche mit viel schönen Reden priesen).

§ 137. Der besondere Inhalt des Attributs ist zuweilen auch
der Art, daß für dasselbe ein Kaujaljaß oder Konzejsiviaß
oder Konditionaljaß eintreten kann.

Beijpiele: „Auf feine Hülfe bauend, hast du die rechte Zeit
zur Rettung verjäumt" (weil du auf feine Hülfe gebaut hast).
„Von allen verlassen, rettete er sich aus der gefährlichen Lage"
(obwohl er von allen verlassen war). „Auf deine eigene Kraft
allein vertrauend, wirst du zum Ziele nicht gelangen" (wenn du
auf deine eigene Kraft vertraust).

Anm. Auch elliptische Ausbrücke können den Wert eines
Nebensaßes haben z. B. „Den einen Tag ausgenommen, bin
ich stets hier gewesen" (wenn man den einen Tag ausgenommen
hat). In folgendem Distichon Rückerts, in welchem er von dem
Verhältnis des Menschen zu Gott spricht, hat im ersten Verse
ein elliptischer Ausbruck, im zweiten ein Imperativjaß den Wert
eines konditionalen Nebensaßes:

> Mit ihm im Kampfe, bist du nie mit dir im Frieden;
> Im Frieden sei mit ihm, so ist der Kampf geschieden.

---

# Verbindung der Hauptsätze mit einander.

§ 138. Die Art der Verbindung ist eine dreifache.

I. Das verbindende Element gehört nur dem ersten Saße
an und besteht

a) in einem hinzeigenden Wort
b) in der Unvollständigkeit des ersten Gedankens.

Beispiele zu a): Er antwortete dem Feinde, welcher die
Auslieferung der Waffen verlangte, folgendes (also): Komm und
hole sie. — Das sehe ich wohl, du bist betrübt.

Beispiele zu b): es scheint, du hast dich geirrt. Er konnte
es nicht lassen, er mußte ihn fragen. Es ist ein Brauch in
unserer Normandie: Wer einen Gast an seinem Herd empfing u. s. w.

**72**

Besonders eng ist diese Verbindung, wenn aus dem zweiten Satze ein Satzteil zum ersten ergänzt werden muß, z. B. „ich habe es dir, du hast es mir versprochen."

II. Das verbindende Element gehört nur dem zweiten Satze an und besteht

a) in einer nebenordnenden Konjunktion
b) in der Unvollständigkeit des zweiten Gedankens.

a) Die nebenordnenden Konjunktionen stellen den zweiten Satz zum Hauptsatz in ein ähnliches Gedankenverhältnis, wie die unterordnenden Konjunktionen den Nebensatz zum Hauptsatz stellen.

Anm. Unter echten Konjunktionen versteht man diejenigen Konjunktionen, welche Hauptsätze mit regelmäßiger Wortstellung einleiten. Die unechten Konjunktionen bringen, weil sie eigentlich adverbiale Prädikatsbestimmungen sind, die invertierte Wortstellung hervor. Echte Konjunktionen sind: und, oder, aber, allein, sondern, denn, nämlich. Unechte Konjunktionen sind z. B. dennoch, auch, deshalb, ebenso. Die Konjunktionen doch, jedoch, also, indessen werden bald als echte, bald als unechte Konjunktionen gebraucht. — Die Konjunktion „und" als eine unechte Konjunktion zu behandeln, d. h. dem durch dieselbe eingeleiteten Satze die invertierte Wortstellung zu geben, ist nicht zu billigen.

Die nebenordnenden (koordinierenden) Konjunktionen sind

1. verbindende (kopulative) Konjunktionen: und, auch, noch (d. h. und nicht),
2. trennende (disjunktive) Konjunktionen: oder,
3. gegensetzende (adversative) Konjunktionen; und zwar teils beschränkende: aber, allein, doch, jedoch, dennoch, teils aufhebende: sondern (nach Negationen),
4. vergleichende (komparative) Konjunktionen: so, ebenso,
5. begründende (kausale) Konjunktionen: denn,
6. folgernde (konklusive) Konjunktionen: also, daher, deshalb, deswegen.

Anm. Die Konjunktion „und" kann auch Sätze einführen, welche in einem bestimmteren Verhältnisse zum vorhergehenden Satze stehen, als in dem der bloßen Verbindung, z. B. „du kennst ihn und willst ihm diese Sache anvertrauen!" Das adversative Verhältnis, in welchem die Sätze zu einander stehen, wird hier durch den Ausdruck des Staunens über die Verbindung bezeichnet. — „Handle so, und du wirst glücklich sein". Hier wird das konsekutive Verhältnis, in welchem der zweite Satz zum ersten steht, durch die Gegenüberstellung von Imperativ und Futurum ausgedrückt.

b) Das verbindende Element liegt nur in der Unvollständigkeit des zweiten Gedankens. Beispiele: „Alles rennet, rettet, flüchtet." Hier ist das Subjektswort zum zweiten und dritten Satze aus dem ersten zu ergänzen. — „Du bist ihm ein treuer Berater, mir bist du es nicht." „Zum zweiten Male soll er mich nicht hintergehen, so viel weiß ich."

III. Das verbindende Element liegt in beiden Sätzen und besteht

a) in Konjunktionen, welche auf einander hinweisen,
b) in der Unvollständigkeit beider Gedanken.

a) Auf einander hinweisende Konjunktionen sind z. B. so= wohl — als auch, nicht nur — sondern auch, bald — bald, teils — teils, weder — noch, (kopulative Kon= junktionen); entweder — oder (disjunktive Konjunktionen).

b) Durch ihre Unvollständigkeit sind z. B. folgende zwei Sätze eng mit einander verbunden: „ich habe Hülfe ihm, er hat sie mir versprochen." „Sie mißhandelten, beraubten, töteten die unschuldigen Wanderer." Hier ist aus dem ersten Satze das Subjektswort zum zweiten und dritten, aus dem dritten Satze das Objekt zum ersten und zweiten zu ergänzen.

Anm. Als nebengeordnete Sätze werden nicht nur Hauptsätze, sondern oft auch Nebensätze desselben Grades mit einander ver= bunden.

# Ellipse.

§ 139. Eine Ellipse findet statt, wenn in alleinstehenden Sätzen Wörter ausgelassen werden, welche für die Konstruktion des Satzes notwendig sind, deren Auslassung aber nicht hindert, daß der Sinn der Worte des Sprechenden verstanden wird.

Anm. Solche Auslassungen, welche den Hörer über den Sinn der gesprochenen Worte in Zweifel lassen, auch wenn er

den Zusammenhang der Rede und die Lage kennt, in welcher
sich der Redende befindet, sind nicht Ellipsen, sondern Fehler
der Darstellung.

Eine Ellipse ist z. B. das sehr häufig vorkommende Weg=
lassen von Teilen des Satzes im Gespräch, besonders in Ant=
worten auf Bestimmungsfragen, in denen man sich, um Weit=
läufigkeit zu vermeiden, begnügt, mit dem Worte zu antworten,
welches grammatisch dem Frageworte entspricht. Dem Hörenden
bleibt es dann überlassen, dieses Wort an Stelle des Frage=
wortes seinem Satze einzufügen, z. B. „Wann ist er von der
Reise zurückgekehrt? „Gestern." Der Antwortende sowohl wie
der die Antwort Hörende ergänzt aus der Frage das eine
Wort zu einem vollständigen Satze.

Eine Ellipse findet auch statt, wenn in der Rede eines
Einzelnen zum Verständnis eines Satzes aus vorangehenden oder
folgenden Sätzen Satzteile ergänzt werden müssen. Vergl.
oben § 138.

Beispiele: Er schlich zu dem Tyrannen, den Dolch im Ge=
wande (tragend). Er flehte, die Hände zum Himmel erhoben
(haltend). Schnell das Zinn herbei (bringt)! Was thun (soll
ich)? Ein Wort von dir (braucht nur gesprochen zu werden), so
ist er gerettet. Aus den Bergen heraus ins ebene Land (reitet
er), da sieht er den Schnee sich dehnen wie Sand. Einen Augen=
blick länger (brauchte er zu warten), und er war verloren.

§ 140. Besonders häufig ist die Ellipse derjenigen Verba,
welche einen sehr weiten Begriffsinhalt haben, zumal dann, wenn
sie zur Bildung der zusammengesetzten Zeiten anderer Verba ge=
braucht werden.

Beispiele: Dank dir (sei). Wohl ihm (ist). Seit ich das
von ihm gehört (habe), habe ich das Zutrauen zu ihm verloren.
(In dem letzten Beispiele ist die Ellipse dadurch begründet, daß
der Mißklang des wiederholten „habe" vermieden wird. In
dichterischer Rede wird sie häufig wegen des Reimes oder des
Metrums angewendet; in prosaischer Darstellung ist sie zu ver=
meiden, wenn nicht ein Grund, wie der oben angeführte oder
ein ähnlicher dafür spricht.)

§ 141. Wortverbindungen wie „Jung gewohnt, alt gethan",
„Mir nichts, dir nichts" sind keine elliptischen Sätze, da sie durch
keine hinzugefügten Worte zu einem Satze vervollständigt werden
könnten, sondern satzlose Ausdrücke von Gedanken.

Anm. Durch geschriebene (vollständige oder jedem verständ=
liche elliptische) Sätze wird zwar der Gedanke des Redenden
immer mit Klarheit dargestellt, aber die Empfindung, welche den
Gedanken begleitet, wird sehr oft erst durch den Ton der ge=
sprochenen Rede ausgedrückt. Der Satz „er kommt" kann so
gesprochen werden, daß er ein Ausdruck der jubelnden Freude,
aber auch so, daß er ein Ausdruck des höchsten Entsetzens ist.
Man vergleiche in Uhlands Gedicht „Märchen" den Satz „Ja,
lächle nur auf mich!" in der zweiten Strophe mit dem gleichen
Satze in der dritten Strophe. In der zweiten Strophe folgen
darauf die Worte „Ich gebe dir frühes Ende", in der dritten
die Worte „Ich gebe dir meinen Segen".

---

## Pleonasmus.

§ 142. Der Pleonasmus ist das Gegenteil der Ellipse.

Ein grammatischer Pleonasmus nämlich ist in solchen Sätzen
zu erkennen, welche Wörter enthalten, die für den vollkommen
deutlichen Ausdruck des Gedankens überflüssig sind.

Faßt man den Begriff dieser Erscheinung so auf, so ist es
klar, daß der Pleonasmus stets ein Fehler der Darstellung ist.
Es ist jedenfalls richtiger, den Hörenden aus dem Inhalt des
Gesprochenen etwas für die grammatische Form des Satzes
Notwendiges ergänzen zu lassen, wofern dies ohne alle Mühe
und ohne jedes Mißverständnis von demselben geschehen kann,
als ihm ohne jeden Zweck in einem Satze dasselbe zweimal
zu sagen.

(Fehlerhafter freilich noch als solcher Pleonasmus ist die
unverständliche Ellipse, weil der Zweck aller Rede, die klare
Mitteilung, durch solche Ellipse geradezu vereitelt wird.)

§ 143. Zu vermeiden sind als pleonastische Ausdrucksweisen die
Sätze wie: „ich muß jetzt notwendig arbeiten", „er pflegt
gewöhnlich um diese Zeit auszugeben", „nachdem ich ihn
vorher ermahnt hatte", „er durfte mit Recht so handeln",
wenn es nicht etwa dem Redenden darauf ankommt, die unab=
weisbare Notwendigkeit, die stete Gewohnheit, die nicht ver=
säumte Ermahnung, das volle Recht der Handlung nachdrücklich

hervorzuheben; ja es wäre in diesem Falle zulässig, diese Her=
vorhebung noch durch hinzugefügte Adverbia oder Adjectiva zu
verstärken. Hat der Redende diese Absicht nicht, so ist sein
Ausdruck in fehlerhafter Weise pleonastisch, wie es der Satz
„das kann möglich sein" immer ist. Für diesen sind die kürzeren
und ebenso klaren und kräftigen Sätze zu gebrauchen „das kann
sein" oder „das ist möglich." Ebenso fehlerhaft ist es zu
sagen: „ich habe es schon bereits gethan."

§ 144. Manche Verbindungen scheinen einen offenbaren Pleo=
asmus zu enthalten, weil in ihnen Wörter desselben Stammes wieder=
holt werden, z. B. „etwas los lösen." Wird aber diese Redens=
art richtig gebraucht, so bedeutet sie im Unterschied von dem
einfachen Verbum „lösen" nicht nur etwas loser machen, als es
bisher war, sondern etwas so lösen, daß es dadurch von dem
Gegenstand, mit welchem es verbunden war, getrennt ist.

Anm. Anderer Art ist der rhetorische Pleonasmus,
welcher der Rede größere Lebendigkeit geben soll. Diese Le=
bendigkeit wird oft durch Wiederholung desselben Wortes erreicht.

---

# Die Interpunktion.

§ 145. Innerhalb des einfachen Satzes werden 1) Inter=
jektionen, 2) nachgestellte Appositionen, 3) Vokative (selbst wenn diese
Subjektsworte sind) von den übrigen Teilen des Satzes durch Kom=
mata getrennt. Wie nachgestellte Appositionen werden auch 4)
nachgestellte adjektivische Attribute (besonders Participia) behan=
delt, wenn ihnen noch Bestimmungen hinzugefügt sind.

Auch 5) der Infinitiv mit „um zu" und „ohne zu" wird
durch ein Komma vom übrigen Satze geschieden, desgleichen der
Infinitiv mit „zu", wenn von ihm noch Bestimmungen abhängen.

Endlich werden 6) mehrere gleichartige Satzbestimmungen,
wenn sie nicht durch „und" oder durch „oder" verbunden sind,
durch Kommata von einander geschieden.

## Beispiele:

1. Ach, ich fühle mich sehr ermattet.
2. Patroklos, der liebste Freund Achills, wurde von Hektor
getötet.

3. Dir, lieber Freund, habe ich stets vertraut. Geh, Karl.

4. Der Feldherr, zweimal in blutigen Schlachten besiegt, verlor doch den Mut nicht.

5. Er verbringt den Tag, ohne zu arbeiten. Wir hoffen, ihn morgen zu sehen.

6. Gold, Eisen, Silber, Blei sind Metalle. Sie verrieten ihren gerechten, tapfern und gütigen Fürsten.

§ 146. Sätze werden von einander stets wenigstens durch Kommata getrennt; nur ein durch „und" angeschlossener Satz, in dem das Subjektswort aus dem ersten zu ergänzen ist, wird nicht durch ein Komma geschieden. Beispiel: Cäsar kam, sah und siegte.

Anm. Vor „und" wird auch sonst oft das Komma weggelassen, besonders zwischen Nebensätzen, welche in besonders naher Verbindung stehen. Z. B. „ich sagte ihm, daß seine Leistungen gut und wir mit ihm zufrieden seien." Hier ist der erste Nebensatz ein elliptischer. Aber auch, wenn beide Nebensätze vollständig sind und ihnen nur die Konjunktion gemeinschaftlich ist, fehlt bei enger Gedankenverbindung oft das Komma vor „und" z. B. „Wenn dies gelingt und alles andere nach Wunsch geht, so können wir sehr glücklich sein".

§ 147. Nebensätze werden von ihren Hauptsätzen stets durch ein Komma getrennt. Innerhalb einer Satzverbindung wird ein wichtigerer Gedankenabschnitt (besonders vor „denn" und „aber") durch ein Semikolon bezeichnet.

§ 148. Ein Kolon steht immer vor der Anführung einer direkten Rede, d. h. einer Rede, welche die Worte in der Form, wie sie gesprochen sind oder gesprochen werden konnten, wiedergiebt, nicht bloß ihren Inhalt, z. B. Er sagte: Ich bin gekommen, dich abzuholen. Sonst steht nur ein Komma, z. B. Er sagte, er sei gekommen, mich abzuholen.

§ 149. Am Ende eines Satzes mit abgeschlossenem Sinn und am Ende eines Satzgefüges steht ein Punktum.

§ 150. Am Ende eines direkten Fragesatzes steht ein Fragezeichen, am Ende eines Ausrufungssatzes ein Ausrufungs zeichen. Auch hinter stark betonten Interjektionen steht ein Ausrufungszeichen, sowie hinter allein stehenden Vokativen und Nominativen, wenn sie mit stärkerer Gemütsbewegung zu sprechen sind. Darum ist es unnötig, hinter die übliche Anrede an der Spitze eines Briefes, wie „Lieber Freund", ein Ausrufungszeichen zu setzen; hier genügt das Komma.

§ 151. Anführungszeichen umschließen eine angeführte direkte Rede, auch einzelne Wortfügungen und Wörter, welche als anderswoher entlehnt bezeichnet werden sollen.

Beispiele: Cäsar sagte: „Ich kam, sah und siegte." Deine „ruhmvollen Helden" haben nichts zur Verteidigung des Vaterlandes gethan. (Hier will der Redende die von Anführungszeichen umschlossenen Worte nicht als seine Bezeichnung gelten lassen. Das deutet er hier schon durch das Possessivpronomen deine an. Das Anführungszeichen wäre aber auch gerechtfertigt, wenn es hieße: Diese „ruhmvollen Helden" u. s. w.)

§ 152. Der Gedankenstrich ist das Zeichen für eine abgebrochene oder eine in unerwarteter Weise fortgesetzte Rede.

Beispiele: Ich habe gestern leider — doch ich will dich mit diesen unerquicklichen Dingen nicht unterhalten.

Nicht Schloß, nicht Riegel kann
Vor ihrem Anfall schützen;
Der Harnisch — lockt sie an.

(So sagt Schiller von dem Blitz, ihn mit einer Schlange vergleichend.)

**Übersicht über den Gebrauch des Kommas.**

§ 153. Das Komma trennt im einfachen Satze von den übrigen Gliedern des Satzes:

1. die Interjektionen,
2. die Vokative,
3. die alleinstehenden Nominative,
4. die nachgestellten Appositionen,

5. die nachgestellten adjektivischen, näher bestimmten Attribute,

6. die Infinitive mit „um zu" und „ohne zu",

7. die mit Bestimmungen versehenen Infinitive mit „zu"; von einander:

8. mehrere gleichartige mit einander nicht durch „und" oder durch „oder" verbundene Satzbestimmungen.

Das Komma trennt Sätze:

1. zwei durch den Sinn eng zusammengehörige Hauptsätze (mit einer Ausnahme),

2. den Nebensatz von seinem Hauptsatz.